「わからない」から
「書ける！」に導く

遺言書ガイド

司法書士法人
F&Partners
司法書士
北詰健太郎
司法書士
中道康純

清文社

はじめに

日本は社会の高齢化に伴い、多数の「相続」が発生する時代に入っています。相続は、次世代に資産の承継を行うための重要なイベントです。事情にあわせて対策を行わなければ、深刻なトラブルを子孫に残してしまうおそれもあります。

最近では「終活(しゅうかつ)」といわれるように、人生の終着点である「死」を見つめ、生前からしっかりと準備し、充実した人生を歩んでいこうという動きが活発になっています。その流れのなかで遺言書の作成を検討する人も増えています。

遺言書は、遺産の承継方法を指定したり、遺族へメッセージを残したりすることができ、円滑な相続の実現や遺族の心の安定に役立ちます。国としてもできるだけ遺言書を作成しやすくするために、さまざまな制度改正を行い、より良い相続の実現を後押ししています。

本書は「自分で遺言書を作ってみよう！」と考えている人に向けて、遺言書の作成方法、効力、注意点、最新の制度改正などについて、記載例も紹介しながらわかりやすくまとめています。本書が読者の皆さんを後押しし、遺言書の作成を通じて多くの人の幸せな人生の構築に役立つことを願っています。

2021年11月

司法書士法人 F&Partners

司法書士 北詰 健太郎

司法書士 中道 康純

序章 遺言書を作る前に確認すること

第1章 自筆証書遺言の基本

第2章 自筆証書遺言作成の準備

第3章 自筆証書遺言の作成

第4章 遺言書保管制度の基本

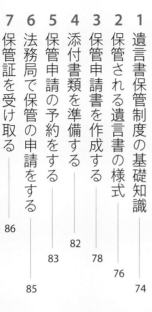

第5章 遺言書保管後にできること

本書の内容は、2021年11月1日現在の法令等に基づいています。

序　章

遺言書を作る前に確認すること

本章では、遺言書を作る前に知っておきたい基礎知識を解説しています。「遺言書ってどんな効果があるの？」「誰が相続人になるの？」など、皆さんの疑問にお答えします！

1 どんなときに遺言書を作るの？

「遺言書」とは、遺言者（故人）が自分の遺産の引継ぎ方を指定したり、残された家族にメッセージを残したりする場合に利用されるツールです。日本社会の高齢化に伴い、作成する人が増加しています。15歳から遺言書を作成できますが、特に作成されることが多いのは、次のような場合です。

① 子供がいない夫婦の場合

子供がいない夫婦の場合、どちらかが亡くなると、残された配偶者と、亡くなった人の親またはきょうだいが＊共同相続人となります。遺言書が作成されていない場合、遺産の分け方を決めるには、共同相続人間で「＊遺産分割協議」という話し合いをしなければなりません。残された配偶者からすれば、身内とはいえ、遺産分割協議をまとめるのは負担になりますし、亡くなった人としても、自らの遺産は配偶者に確実に渡してあげたいと考えることが多いでしょう。遺言書を作成して、遺産を配偶者に渡すようにしておけば、遺産分割協議を行うことなく、遺産を配偶者に渡すことができます。

＊……用語集（103ページ）参照

●夫の親が存命の場合

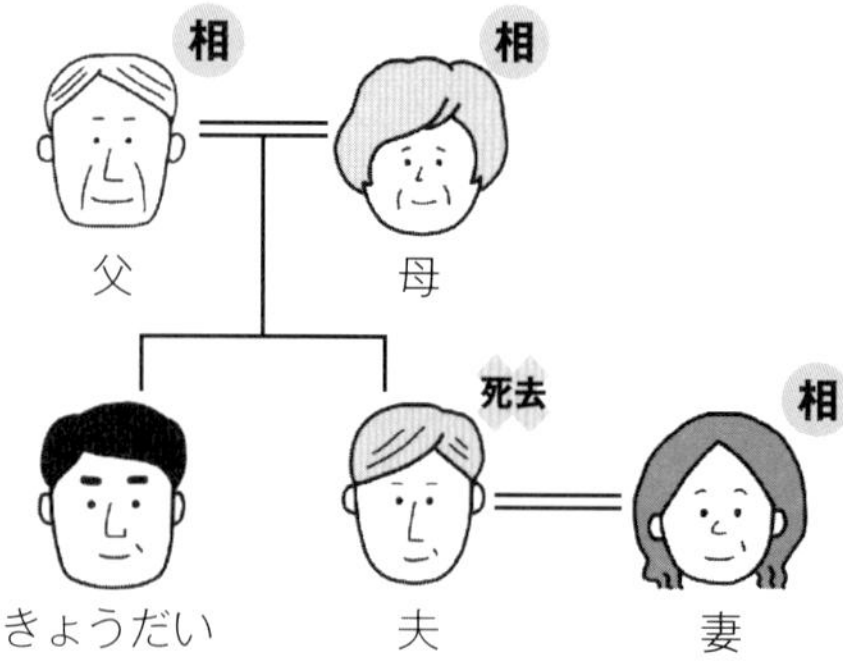

※夫が亡くなった場合、夫の親が存命であれば妻と夫の親が共同相続人となる。

●夫の死亡時、親が既に死去している場合

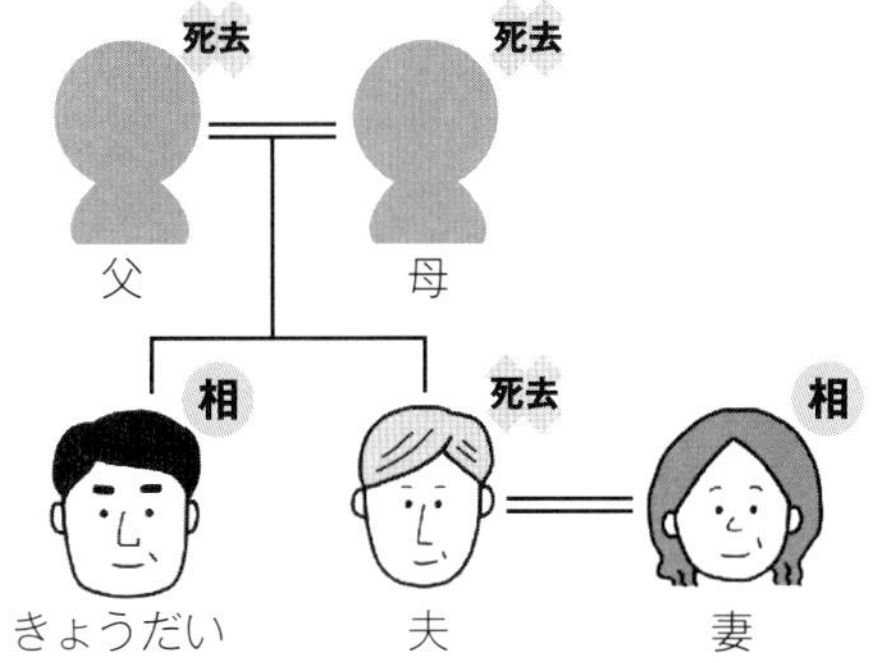

※夫の親が存命でなければ、妻と夫のきょうだいが共同相続人となる。

2 再婚の場合

夫婦のいずれか一方、あるいは双方が再婚である場合、離婚した配偶者との間に生まれた子供がいることがあります。

仮に夫が再婚であり、離婚した妻との間に子供がいたとします。その場合、夫が亡くなると、現在の妻と、離婚した妻との間に生まれた子供が共同相続人となります。夫が子供とは幼い頃に別れて以来、会っていないというケースもあり、そのような場合、現在の妻が遺産分割協議をまとめるのは難しいでしょう。遺言書を書いておけば、遺産分割協議をせずに、現在の妻に遺産を渡すことができます。

●離婚した妻との間に子供がいる場合

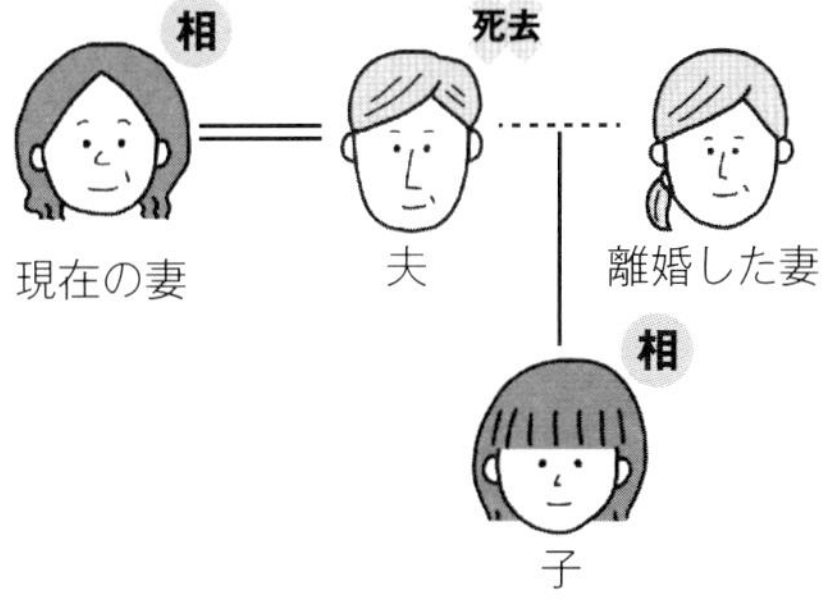

※現在の妻と、離婚した妻との間に生まれた子供が共同相続人となる。

3 会社を経営している場合

会社を経営している人も遺言書を作成することが多いです。自社株や事業に利用している不動産などを後継者である相続人に引き継がせたい場合、遺言書を書いておくことで円滑に承継させることができるためです。経営者の高齢化が進むなかで、事業承継がうまく行かず、毎年5万件に近い会社が解散・廃業を選択しています。経営者の相続は、法務・税務の観点からも複雑な点が多く、遺言書の作成を含めて事前に対策を取っておく必要があります。

●後継者に引き継がせたい資産がある場合

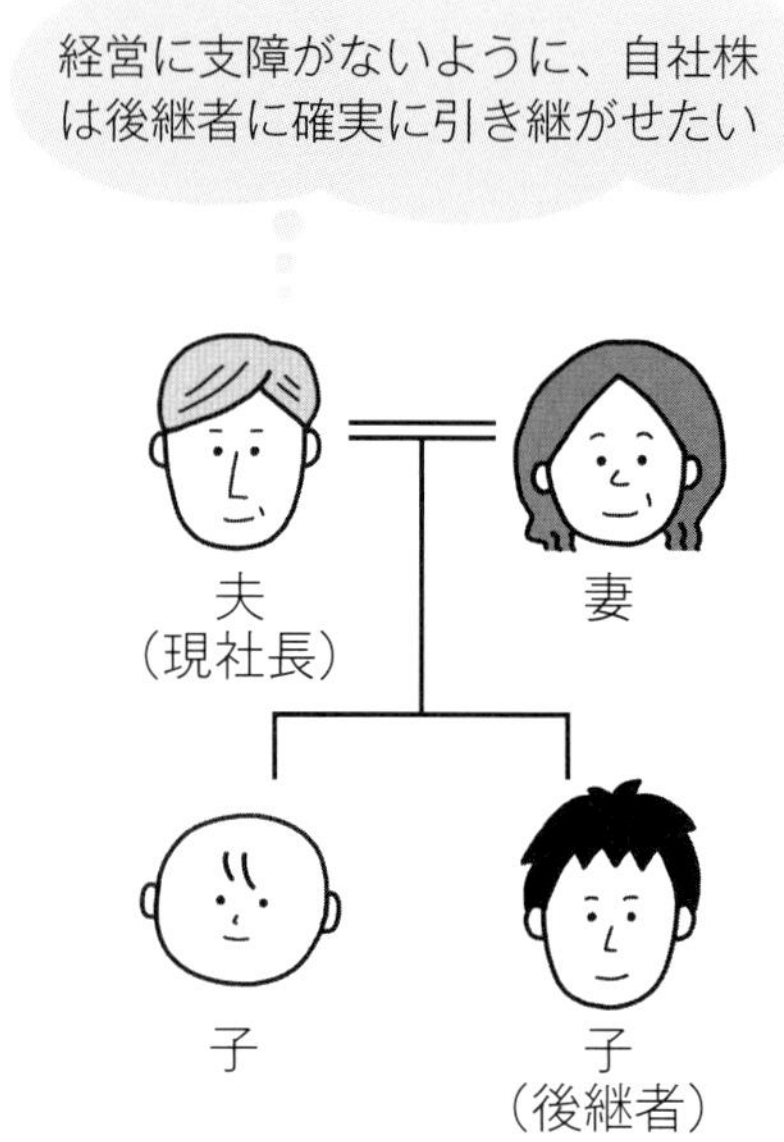

④ 遺産を寄付したい場合

自らの遺産を、自分の関心がある研究をしている大学や、慈善団体に寄付したいという人は、遺言書を書いておくことで寄付することができます。相続人がいる場合でも寄付は可能ですが、相続人がいない人や、相続人がいても疎遠な人が遺産の寄付を希望することが多いようです。寄付を希望する場合は、事前に寄付の予定先に連絡をしておくとよいでしょう。最近では、ホームページなどで寄付を募る団体も増えています。

●遺産を寄付したい場合

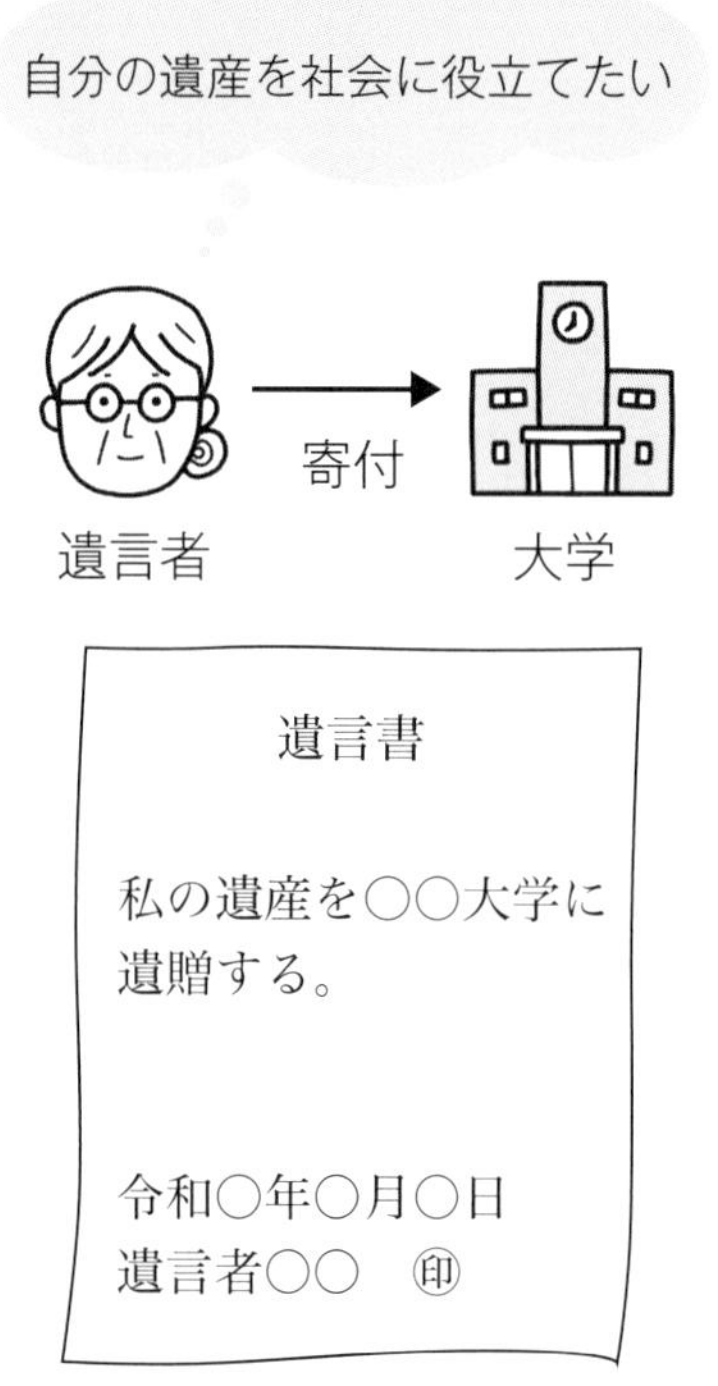

⑤ もめる可能性がある場合

相続人同士の仲が悪く、遺産分割協議を行うことが困難だと予想される場合には、遺言書を作成して、遺産の承継について筋道を立てておくことで、スムーズに相続手続が進められます。当事者同士では妥協点が見つけられなくても、親が残した遺言書には従うという人は多いものです。

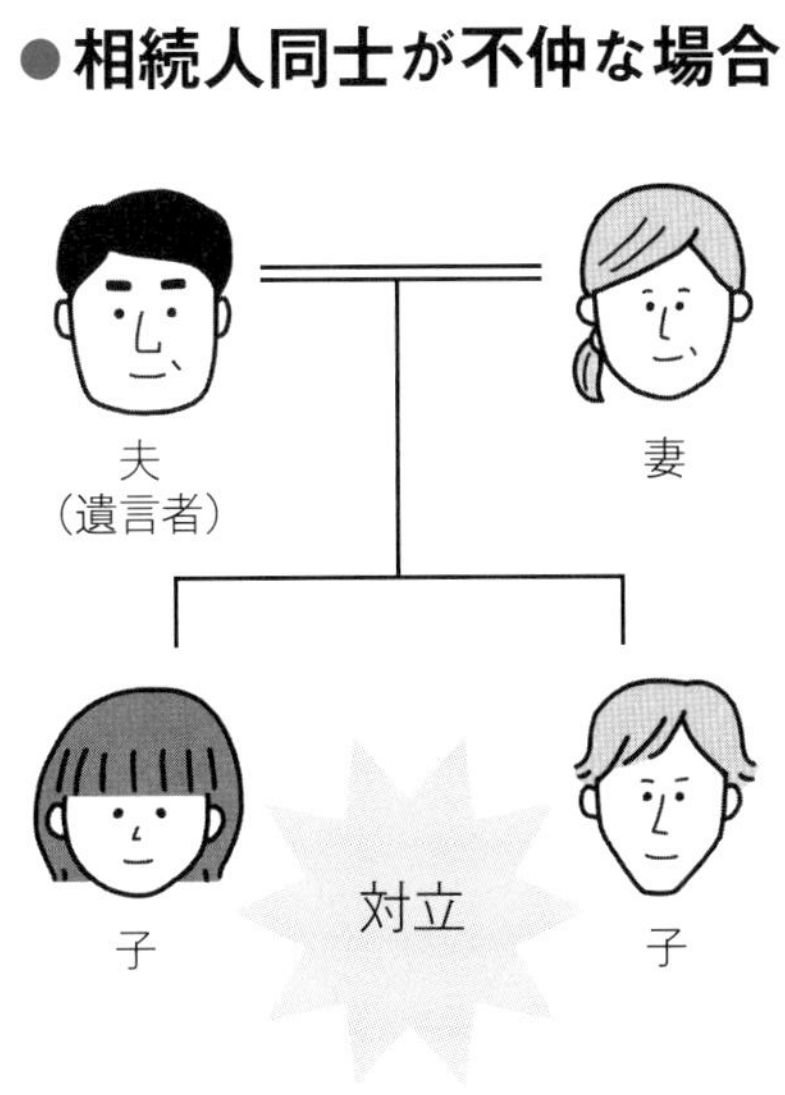

＊　＊　＊

紹介したケース以外でも、さまざまな理由で遺言書を作る人がいます。共通するのは、「家族に幸せに暮らしてほしい」「遺産のせいで争いごとを起こしてほしくない」「自分の遺産を社会に役立てたい」といった、家族や社会を思いやる気持ちです。

遺言書は相続という人生の締めくくりに役立つツールです。遺言書を作成し、円満な相続や自らの想いを後世に伝えていくことを目指しましょう。

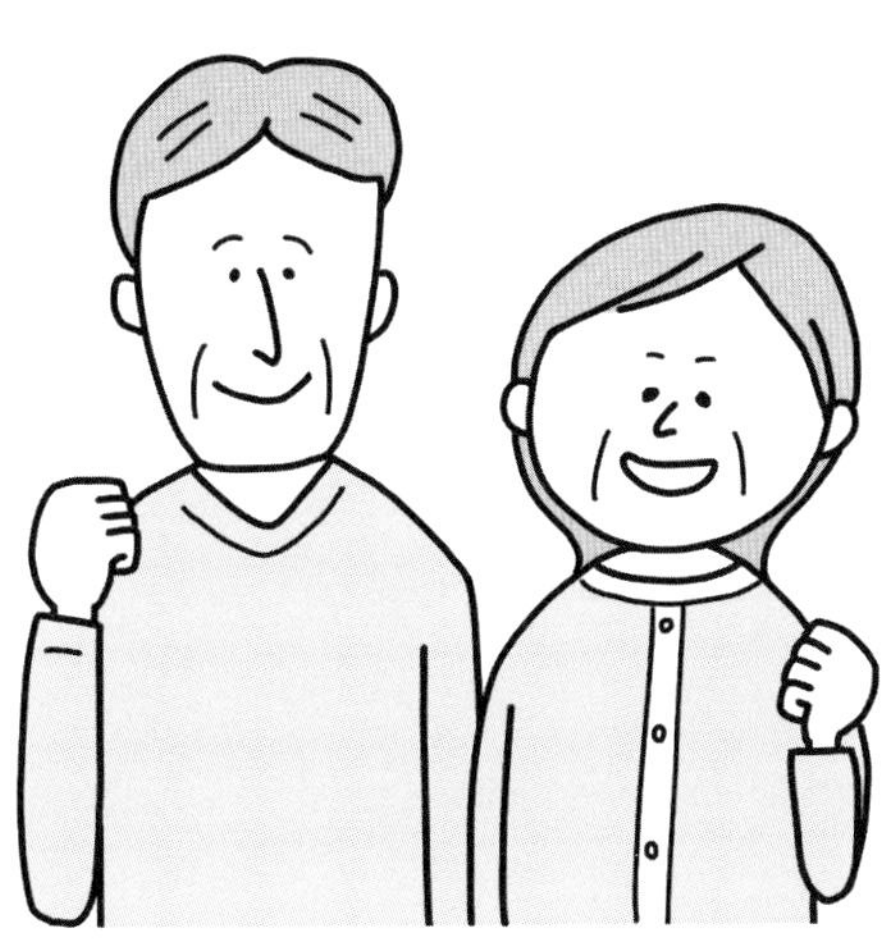

2 遺言書でなにができるの？

遺言書には、自分の想いなどを自由に書くことができますが、法的に効力がある記載事項は決まっています。そのため、遺言書を作成する前に、遺言書ではなにができるのかを理解しておく必要があります。人はそれぞれ歩んできた人生が異なり、家族関係も千差万別です。遺言書の機能を知っておくことで、自分のケースではどのように遺言書を活用できるのか考えることができます。

1 特定の遺産を特定の相続人に承継させる

「夫婦で住んでいる家は妻に相続してほしい」「自社株は後継者の長男に引き継いでほしい」など、特定の遺産を特定の相続人に承継してほしいという希望は、遺言書で叶えることができます。「この人に引き継がれてこそ意味がある」という遺産がある場合には、遺言書を活用しましょう。

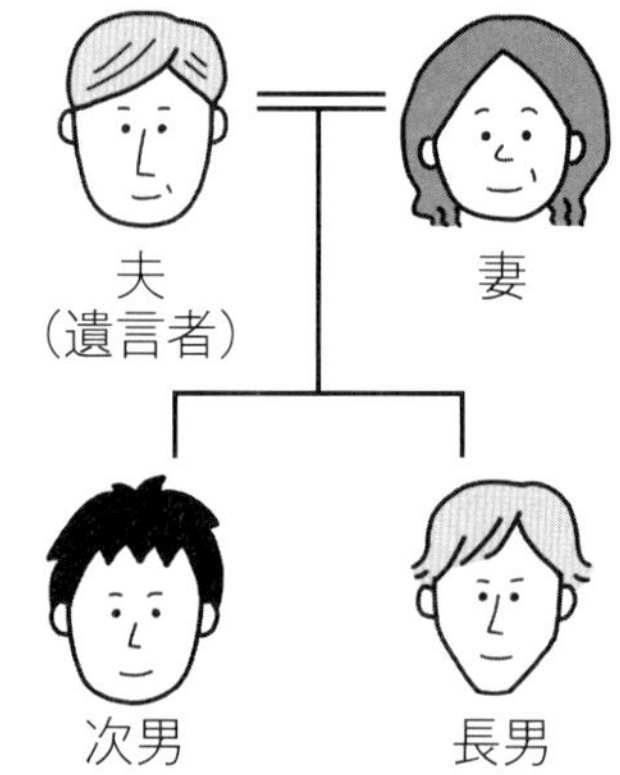

遺言書

1．自社株は長男に相続させる。
2．自宅は妻に相続させる。

令和○年○月○日
遺言者○○　㊞

② 第三者に遺産を渡す

遺産は、原則として相続人が承継しますが、遺言書を作成することで、相続人ではない第三者に遺産を渡すこと（*遺贈）ができます。自分と親しくしてくれた甥や姪、生前にお世話になった近所の人などに遺産を渡すことも可能です。最近では多様な家族のあり方が広がりつつありますが、法律上の婚姻関係にないパートナーにも、遺言書を書くことで遺産を渡すことができます。

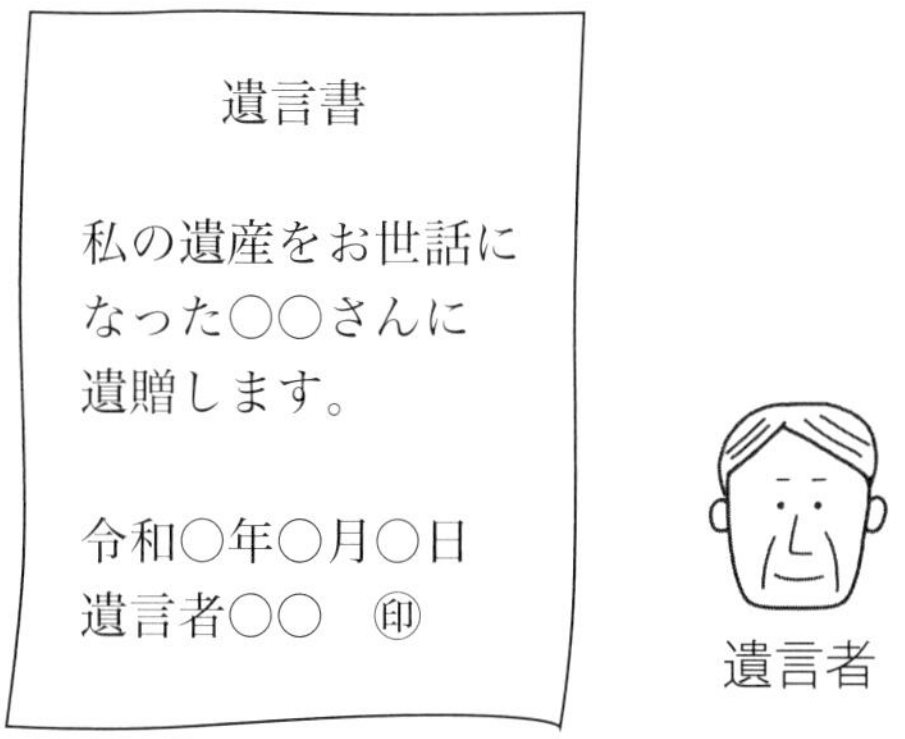

③ 子の認知

法律上の婚姻関係にある夫婦から生まれた子供についての親子関係は、出生届の提出によって確定します。これに対して、婚姻関係にない男女の間に生まれた子供（*婚外子）との親子関係は、母子関係については出生の事実によって発生しますが、父子関係については*認知によって発生します。家庭のある父親が愛人との間に子をもうけた場合など、父親の生前は認知できなかったケースもあるようです。そのような場合、遺言書によって認知をすることで、父子間に親子関係を発生させ、相続人として遺産を渡すことができます。

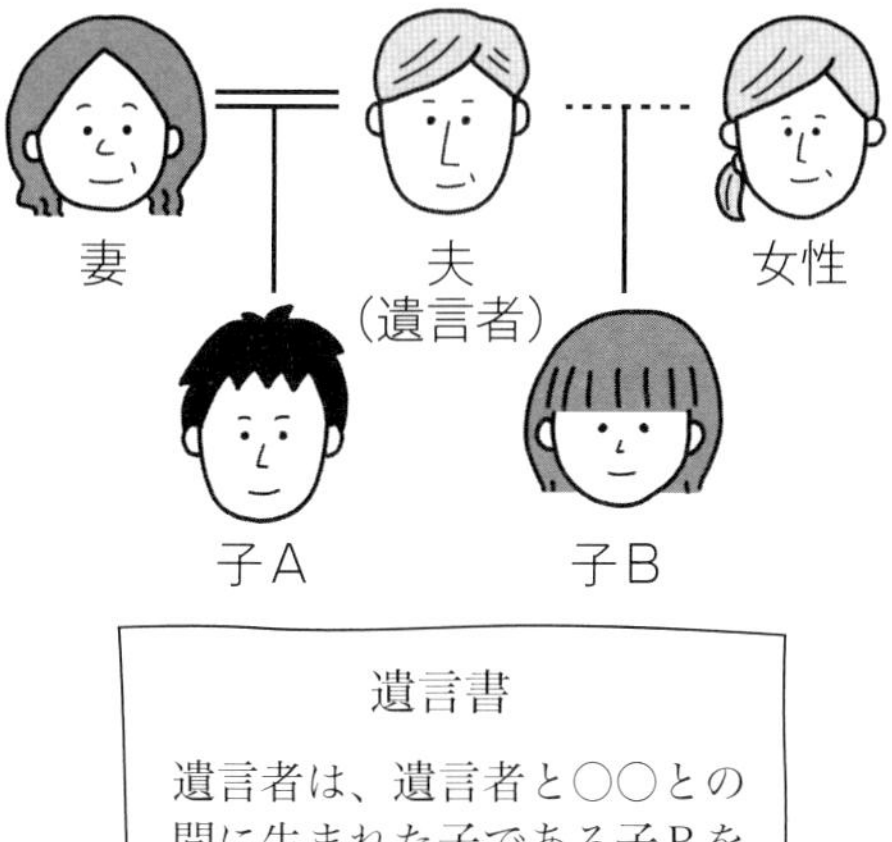
遺言者は、遺言者と○○との間に生まれた子である子Bを認知する。
私の遺産をお世話になった○○さんに遺贈します。
令和○年○月○日
遺言者○○　㊞

4 推定相続人の廃除

相続が開始された際に、相続人となる人（*推定相続人）が*被相続人を虐待していた場合や、被相続人の財産を使い込んでしまっているようなケースでは、被相続人は遺言書によって相続人の*廃除を家庭裁判所に申し立てることができます。

廃除された相続人は、被相続人から遺産を相続することができなくなります。対象となるのは、*遺留分を有する相続人である配偶者、子・孫、親・祖父母などです。この廃除の申立ては、被相続人が生前に行うこともできますが、生前に行うと対象となる相続人からさらに虐待を受けてしまうおそれもあるため、遺言書において廃除の意思を表示し、*遺言執行者に廃除の申立てを任せることができます。遺言者が死亡し、遺言の効力が発生すると、遺言執行者が廃除の手続にとりかかることになります。

5 遺言執行者の指定

遺言書を作成し、遺産の承継の仕方を定めただけでは手続は完結せず、預貯金や不動産などの財産ごとに名義変更などの手続が必要です。名義変更などの手続にはかなりの手間がかかり、事情をよく知らない相続人が行うには負担が大きいといえます。

そこで、遺言書において「遺言執行者」を定めておくことで、手間のかかる手続を遺言執行者に行ってもらうことができます。遺言執行者は司法書士などの専門家に依頼できますが、相続人のなかに適任者がいる場合には、相続人から遺言執行者を選ぶことができます。

遺言執行者は、遺言者が死亡し、遺言書の効力が生じた場合には、すみやかに遺言書の内容に沿って手続を進めていくことになります。

この他遺言書では、先祖代々のお墓を守っていく人を指定することや、法的な効果はありませんが、*付言事項として遺言者の気持ちを伝えることも可能です。広い視野をもって、遺言書の持つ機能を自らの相続にフル活用していきましょう。

＊　＊　＊

●遺言書でできること（主なもの）

1	相続分の指定またはその委託
2	遺産分割方法の指定またはその委託
3	遺贈
4	子の認知
5	推定相続人の廃除
6	遺言執行者の指定または指定の委託
7	5年以内の遺産分割の禁止

3 「遺産分割協議」ってなに？

相続が発生した場合に、遺言書がないと相続人同士で遺産をどのように引き継ぐのかについて話し合いを行わなければなりません。これを「遺産分割協議」といいます。「うちの家族は仲が良いから大丈夫」と楽観視している人も多いですが、遺産分割協議をまとめるのは意外と困難です。その理由には次のようなものがあります。

① 遺産の内容がわからない

遺産分割協議を行うには、遺産の内容を把握する必要があります。そうしなければ、誰がどの遺産を取得するか話し合うことができないからです。相続人が被相続人の遺産を調べるのはとても大変です。遺産分割協議をまとめた後に、もし遺産の調査漏れが判明した場合には、遺産分割協議をやり直したり、再度、漏れていた遺産について協議を行ったりする必要がでてきます。この点、遺産の内容を知っている遺言者自身が遺言書に遺産を明記しておくことで、調査の手間を省くことができます。

② 相続人の調査・確定が必要

遺産分割協議を行うのは、被相続人の共同相続人です。誰が相続人となるのかについては、戸籍などの公的書類を取得して確定する必要があります。子供が相続人になる場合で、被相続人である親に、自分たちが知らない子供がいることなどもまれにあります。あるいは、かなり昔に養子縁組をしていたが、そのことを忘れていたり、勘違いで相続人である人を除外したりするケースもあります。

もし、相続人である人を除外して遺産分割協議を行うと、その協議は無効となります。こうしたトラブルを防止するためにも、戸籍などを取得して相続人を確定する必要があるのですが、取得には時間がかかります。

3 相続人の仲が悪い

被相続人が思っているよりも、相続人の仲が悪いということもあります。仲が悪いとまではいわなくても、疎遠である場合には、遺産分割協議という深くコミュニケーションをとることが必要な作業は負担になるものです。そのため、先延ばしにされ、いつまで経っても遺産分割協議が前に進んでいない事例も多く存在します。昔と違い、必ずしも相続人同士が近所に住んでいて、密にコミュニケーションをとっているとは限りません。「うちの家族は仲が良いから大丈夫」というのは、希望的観測に過ぎないかもしれません。

4 実印の押印と印鑑証明書が必要

不動産登記や預貯金の名義変更などの手続を遺産分割協議書を用いて行うには、相続人が遺産分割協議書に実印で押印して印鑑証明書を添付する必要があります。実印を押す以上、手続に慎重な対応をするようになりますし、印鑑証明書の取得の手間も必要になります。

＊　＊　＊

このように遺産分割協議をまとめるには、さまざまなハードルがありますが、遺言書を作成することで、相続人の負担を軽くすることもできます。特に、遺言者に先立たれた相続人は、悲しみに暮れているなかで、相続手続を進めていかなければなりません。遺言書を作成することは、相続人の心理的なサポートにもなるでしょう。

4 相続人は誰になるの？

遺産分割協議の手続を進めるうえでは、相続人について理解する必要があります。相続人には順位があり、先順位の相続人がいるときは、後順位の相続人に相続権はありません。

第1順位は遺言者の子や孫（*直系卑属）です。第2順位の相続人は、遺言者の親や祖父母（*直系尊属）です。第3順位の相続人は遺言者のきょうだいになります。もし、遺言者より先にきょうだいが亡くなっている場合には、そのきょうだいの子、つまり遺言者の甥や姪が相続人となります。

遺言者の配偶者は、常に相続人になりますが、どの順位の相続人と一緒に相続人となるかによって、相続分は異なります。

巻末の「情報整理ノート」を活用し、皆さんの相続人を書き出してみましょう。

●相続人の組み合わせごとの法定相続分

組み合わせ	配偶者の相続分	他の相続人の相続分
配偶者と子・孫	1／2	1／2
配偶者と両親・祖父母	2／3	1／3
配偶者ときょうだい	3／4	1／4

※同順位の相続人が複数存在する場合には、同順位の相続人の頭数で相続分を分けることになります。

※被相続人が遺言書を残していた場合は、法定相続分よりも遺言書の内容が優先されます。

●配偶者と子2人が相続する場合

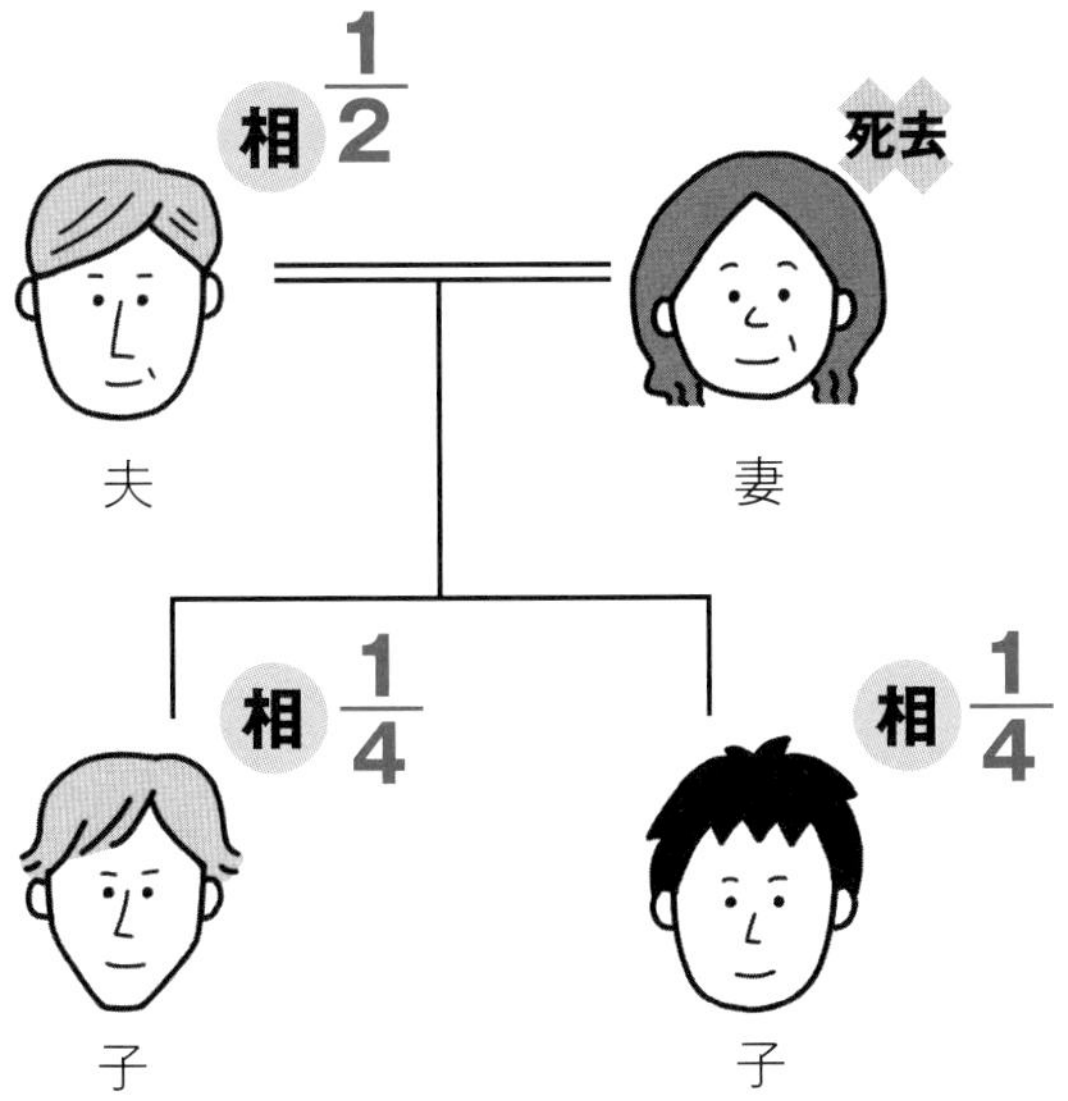

※配偶者と子２人が相続する場合は、配偶者の相続分は２分の１、子の相続分はそれぞれ４分の１ずつとなります。

●配偶者と義父・義母が相続する場合

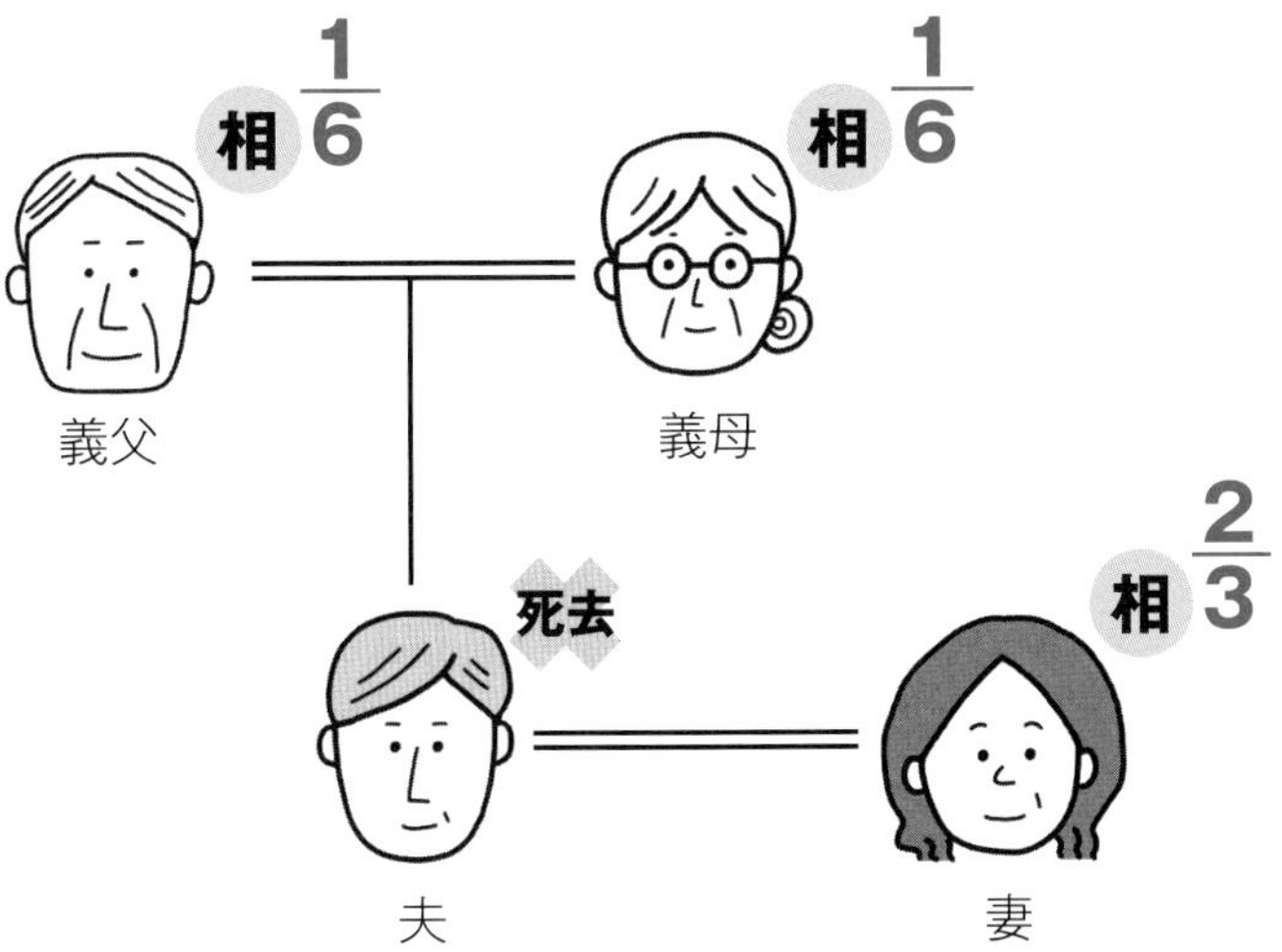

※配偶者と義父・義母が相続する場合は、配偶者の相続分は３分の２、義父と義母の相続分はそれぞれ6分の1ずつとなります。

第1章

自筆証書遺言の基本

本章では、他の方式と比較しながら自筆証書遺言について解説しています。それぞれのメリット・デメリットを見比べて、どの作成方式が自分に合っているか考えましょう！

1 遺言書の作成方式は3種類

「遺言書」には、大きく分けて3種類の作成方式があります。

1 自筆証書遺言

自筆証書遺言とは、文字通り自らの字で作成する遺言書です。紙とボールペンと印鑑を用意すれば、いつでも作成ができるという手軽な点が特徴です。

自筆証書遺言は、相続が開始した後、家庭裁判所で「*検認(けんにん)」という手続を受けなければなりません。この手続の件数を調べることで、どれくらい自筆証書遺言が利用されているのかを知ることができます。

●家庭裁判所における遺言書の検認件数

2016年	1万7,205件
2017年	1万7,394件
2018年	1万7,487件
2019年	1万8,625件
2020年	1万8,277件

出典：裁判所ウェブサイト「令和２年度司法統計」をもとに作成

② 公正証書遺言

公正証書遺言とは、*公証人という公務員が遺言者の依頼を元に作成する遺言書です。自筆証書遺言と比較すると作成に手間がかかります。

公正証書遺言は、年間10万件程度作成されていますす。２０２０年は10万件を下回りましたが、これは新型コロナウイルス流行の影響と考えられます。

●公正証書遺言の作成件数

2016年	10万5,350件
2017年	11万191件
2018年	11万471件
2019年	11万3,137件
2020年	9万7,700件

出典：日本公証人連合会ウェブサイト「令和２年の遺言公正証書の作成件数について」をもとに作成

③ 秘密証書遺言

秘密証書遺言とは、遺言者が遺言書を作成し、封筒に入れて遺言書の内容がわからないようにしたうえで、公証役場に持ち込み、公証人に遺言書の存在を証明してもらう遺言書です。内容が公証人を含め本人以外にはわからないため、遺言書の内容を秘密にすることができます。

秘密証書遺言については、年間で約１００件程度作成されているとされています。

2 自筆証書遺言のメリット・デメリット

遺言書の作成方法の種類や作成件数について解説をしてきましたが、どの方式で遺言書を作成すればよいのか迷ってしまう人もいるのではないでしょうか。そこで、自筆証書遺言と公正証書遺言のメリット・デメリットを比較し、自分に合った方法を考えてみましょう。

＊　＊　＊

まずは、自筆証書遺言のメリット・デメリットについてみていきます。

1 自筆証書遺言のメリット

(1) 簡単に作成できる

自筆証書遺言は、遺言の内容を記載する用紙と、ボールペンと印鑑があれば、いつでもどこでも作成できます。第4章で紹介する自筆証書遺言書保管制度を利用する場合を除き、用紙についても特に指定はなく、家にあるメモ用紙を使用することもできます。遺言書を作成しようと考える人は、病気になったり身近な人が亡くなったりといった、きっかけになる出来事があることが多いため、モチベーションが高まったタイミングで速やかに作成することが肝心です。いつでもどこでも作成できる自筆証書遺言は、使い勝手が良いといえるでしょう。

(2) 存在や内容を秘密にできる

自筆証書遺言は、第三者の関与なく、自分ひとりで作成することができます。そのため、遺言書を作成したことや、内容を秘密にしておくことができます。遺言者が生きている間に遺言書の存在や内容を相続人などに知られると、トラブルになってしまうような場合や、心情的に生きている間はどうしても言い出しにくい想いがある場合に有効です。

例えば、同居している長男家族との折り合いが悪く、遺産を次男に多く残したいと考えているケースや、再婚した人で、幼い頃に別れた子供に遺産を残したいと考えているが、今の家族の手前その想いを打ち明けられないようなケースが考えられます。

あの子のことが気がかりだ……。
でもなかなか言い出せない
遺言者
今の家族

(3) ぬくもりが伝わる

自筆証書遺言は、その名の通り自筆、つまり遺言者の直筆で作成します。遺言者の筆跡を知っている遺族からすれば、遺言書から遺言者のぬくもりを感じることができ、遺言書に書かれた遺言者の相続についての想いや、家族へのメッセージを受け入れやすくなるのです。まさに自筆証書遺言は、家族への「最後のラブレター」であり、自筆によりぬくもりを伝えることで、相続手続を円滑にするだけでなく、争いを防ぎ、家族の絆を深めることができます。

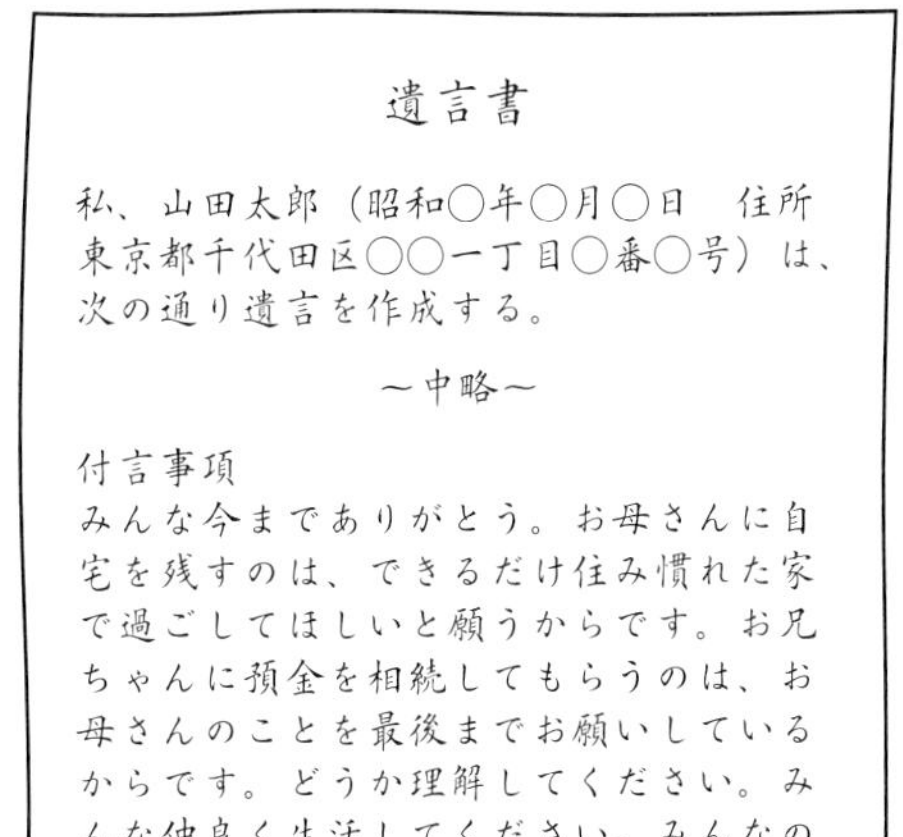
遺言書

私、山田太郎（昭和◯年◯月◯日　住所東京都千代田区◯◯一丁目◯番◯号）は、次の通り遺言を作成する。

〜中略〜

付言事項
みんな今までありがとう。お母さんに自宅を残すのは、できるだけ住み慣れた家で過ごしてほしいと願うからです。お兄ちゃんに預金を相続してもらうのは、お母さんのことを最後までお願いしているからです。どうか理解してください。みんな仲良く生活してください。みんなのおかげで幸せな人生でした。

令和◯年◯月◯日
山田太郎 印

2 自筆証書遺言のデメリット

（1）無効になるリスク

自筆証書遺言は、第三者の関与なく、いつでもどこでも作成できるのがメリットですが、その反面、形式や内容に不備があり、無効になってしまうこともあります。形式面では、日付の記入や押印を忘れてしまうケースが多く、内容面では、不動産を特定の相続人に承継させたいと考えていた場合に、不動産の所在場所を間違えて書いてしまったケースなどがあります。本書では、自筆証書遺言の作成における注意点を紹介していますので、参考にしながら作成しましょう。

（2）紛失・盗難などのリスク

自筆証書遺言は作成した後、遺言者自身が保管・管理をしていくことになります。そうすると、うっかり掃除の際に捨ててしまったり、遺言書の内容に不満がある相続人に盗難・破棄されてしまったりするリスクがあります。あるいは、遺言書を作成したことを誰にも伝えておかなかったため、発見されないままになってしまうことも考えられます。

遺言者としては、第4章以下で紹介する「自筆証書遺言書保管制度」を利用することで、盗難や紛失のリスクを低減することができます。

（3）「検認」が必要

自筆証書遺言を相続手続で利用するためには、家庭裁判所において「検認」が必要になります。「検認」とは、家庭裁判所において自筆証書遺言の偽造などを防止するために、遺言書の日付や署名などの内容を確認する手続です。検認の手続が終わると、自筆証書遺言に「検認済証明書」が添付され、各種の相続手続に利用することができるようになります。

この検認手続の期日は、相続人全員に通知されるため、遺言者の相続関係が明らかになる戸籍などを収集して家庭裁判所に提出する必要があります。そのため、相続が開始してから検認手続が行われるまでには、早くても1～2か月の期間が必要となり、すぐに遺言書を利用して相続手続を進めたい場合でも、検認手続が終わるのを待たなければなりません。

3 公正証書遺言のメリット・デメリット

次に、公正証書遺言のメリット・デメリットについてみていきます。

1 公正証書遺言のメリット

(1) 無効になりにくい

公正証書遺言は、法律の専門家である公証人が作成するため、自筆証書遺言のように形式や内容の不備で無効になることが少ないといえます。また公正証書遺言の作成にあたっては、公証人が遺言者の本人確認や意思能力の確認を行うため、事後に相続人などから「遺言書を作った時には、遺言者は認知症が進行しており意思表示をすることは不可能だったのではないか」などの訴えが起こされた場合でも、反論しやすいでしょう。

(2)「検認」が不要

公正証書遺言は、自筆証書遺言のように「検認」の手続を経なくても、相続手続で利用することが可能です。これは先に記載したように、公証人が作成するため偽造や変造のリスクが低いことなどが理由です。「検認」が不要なため、相続開始後すぐに手続を開始でき、円滑に相続手続を行えます。

2 公正証書遺言のデメリット

(1) コストがかかる

公正証書遺言のデメリットのひとつは、作成するためにコストがかかることです。自筆証書遺言は、用紙とボールペンと印鑑があれば作成できるため、コストをかけずに作成することも可能ですが、公正証書遺言の場合は、公証人に支払う手数料と、司法書士などの専門家に依頼する場合には、専門家への報酬を支払う必要があります。公証人の手数料は、遺言の目的である財産の価額によって変わってきますが、仮に遺産が6000万円だとすると、約4万3000円から6万円程度のコストが発生します。また、専門家へ支払う報酬は、おおむね12～14万円ほどです。

(2)証人が必要になる

公正証書遺言は、作成にあたり証人を2人立てる必要があります。この証人ですが、遺言者が亡くなったときに相続人になる人(推定相続人)のような、利害関係がある人は証人となることができません。自ら証人を手配することができない場合には、司法書士などの専門家に公正証書遺言の作成のサポートを受ければ、依頼した専門家に証人になってもらうことも可能です。

4 どちらの作成方式がおすすめ？

自筆証書遺言と公正証書遺言のメリット・デメリットを紹介していきましたが、大まかにいえば、公証人に会ったり、証人を立てたりすることが、心理的・経済的に負担に感じる人には自筆証書遺言が向いています。コストをかけてでもよいので完全なものを作成したいという人は、公正証書遺言が向いています。

自筆証書遺言には保管制度という自筆証書遺言の弱点を補う制度も登場したため、それぞれの制度の特徴をよく理解したうえで選択するとよいでしょう。

●自筆証書遺言と公正証書遺言の比較

	自筆証書遺言	公正証書遺言
書式	自筆によって作成	公証人が作成
証人	不要	必要
確実性	やや低い	高い
検認	必要※	不要
費用	安い	高い

※自筆証書遺言書保管制度を利用した場合、検認は不要です。

●自筆証書遺言

ひとりでいつでも作成することができる。

●公正証書遺言

公証人の関与や2人の証人が必要。

5 自筆証書遺言に関する制度の変化

1 制度変化の背景

自筆証書遺言は、16ページで解説した通り、年間約2万件検認の手続が行われています。2020年の年間の死者数は約140万人とされています。亡くなった人の数だけ相続が発生しているわけですから、まだまだ自筆証書遺言が作成され、相続手続に利用される余地がありそうです。

国としても、できるだけ多くの人に自筆証書遺言を作成してもらい、遺言者の意思の尊重と円滑な相続手続を可能とするために、2018年7月に成立した相続法の改正において、遺言書の作成方式の緩和や自筆証書遺言書保管制度の創設を行いました。

●相続法改正の主な内容

遺言制度の見直し	･自筆証書遺言の方式の緩和 ･自筆証書遺言書保管制度の創設
配偶者の居住権を保護する改正	配偶者居住権の創設
円滑な相続のための改正	遺留分の金銭債権化
その他	特別寄与料の制度の創設

※相続法改正の原則施行日は2019年７月１日ですが、自筆証書遺言の方式の緩和は2019年１月13日、配偶者居住権は2020年４月１日、自筆証書遺言書保管制度は2020年７月10日に施行されました。

② 自筆証書遺言の方式の緩和

自筆証書遺言の方式の緩和とは、これまで全文自書が必要とされていた、自筆証書遺言の作成について、財産目録については、パソコンで作成したり、預金通帳のコピーを添付したりして作成することを認める改正のことです。高齢の人は、全文を自書することが難しい場合があるため、より作成を容易にすることが目的といえます。

③ 「自筆証書遺言書保管制度」の創設

「自筆証書遺言書保管制度」とは、遺言者が作成した自筆証書遺言を、法務局で保管してくれる制度です。自筆証書遺言のデメリットとして、形式の不備で無効となってしまうリスクや、紛失などが問題視されてきました。この制度では、遺言者が作成した遺言書を法務局の職員が形式面をチェックし、法務局で保管を行うため、懸念されているリスクを低減できます。詳しくは、第４章以降で解説します。

第2章

自筆証書遺言作成の準備

本章では、遺言書を作るにあたって重要な財産についての情報をまとめています。自分の財産を調査し、財産目録にまとめてみましょう！

1 自筆証書遺言作成の流れ

自筆証書遺言の作成にあたっては、全体の流れを把握することが大切です。フローチャートに沿って手順をみていきましょう。

1 自筆証書遺言作成の決定

↓

第1章

2 遺言書の内容の検討

↓

第2章

3 財産の調査・目録の作成、相続人の確定

↓

第2章

自身の遺産や相続人を正確に把握しましょう。

4
自筆証書遺言の作成
↓
第3章

5
遺言者自身で遺言書の保管

5
法務局で保管の申請
↓
第4章

6
遺言書の作成の事実を相続人・受遺者に伝達（任意）

7
遺言者の死去（遺言書の効力発生）

8
相続手続の開始

間違いがないように、本書を活用したり、専門家のチェックを受けたりするとよいでしょう。

保管後にできることは、第５章で確認しましょう。

保管制度を利用していない場合は、家庭裁判所において検認が必要です。

2 財産承継について考えよう

遺言書の作成を決心したら、遺言書の内容を考える必要があります。ざっと頭のなかで、自分の財産と財産を渡したい人を思い浮かべて検討をしていくことになりますが、「誰になにを渡せばよいのだろう」と悩んでしまうものです。そこで、財産の種類ごとにポイントを紹介します。

1 金銭・預貯金

金銭や預貯金は、最も相手を選ばず渡しやすい資産といえます。財産が金銭や預貯金のみの場合には、分配の割合以外はあまり悩む余地はないでしょう。遺言書作成の実務では、不動産や自社株といった特定の資産を特定の誰かに承継させる場合に、他の相続人への手当として、金銭を多めに渡すことがあります。高額の資産を特定の相続人に渡す場合には、それに対応する金銭や預貯金を用意しましょう。

2 有価証券

株や債券、投資信託といった有価証券については、運用ができる相続人に残すとよいでしょう。もっとも、有価証券については、引き継いだ相続人が売却を希望することも多い印象です。有価証券についてよく理解している遺言者のほうで、価値が高くなっているうちに売却しておくのもひとつの選択肢です。

3 自社株

会社経営者のように、自らが経営する会社の自社株が資産にある場合には、これを誰に引き継ぐのかを考えなければなりません。後継者になる人が、相続人のうちにいる場合には、できるだけ多くの自社株を後継者となる相続人に承継させる必要があります。円滑に会社を運営するためには、少なくとも議決権ベースで51％以上の自社株を後継者に承継させるとよいでしょう。51％以上保有していれば、株主総会において役員の選任や役員報酬について決定する場合、後継者の意見が通りやすくなります。

4 自宅

自宅については一緒に住んでいる配偶者や子供がいる場合には、その人に渡すのが最も効果的です。

注意する必要があるのは、遺言者も配偶者も高齢な場合です。遺言者としては、残された配偶者が心配で、住み慣れた自宅を残したいと考えるのが一般的ですが、配偶者が高齢になると自宅の管理が困難になります。将来的に施設に入所することになり、自宅の売却が必要になっても、その際には認知症などの進行により、自宅の売却が不可能になり、負担だけがのしかかってくるという問題が、頻発するようになってきています。

このような場合は、あえて子供に自宅の所有権を渡すという方法もあります。相続法改正により、2020年4月1日以降は「＊配偶者居住権」という配偶者が自宅に住むための権利が創設されました。この権利を利用すると、自宅の所有権は子供に持たせつつ、配偶者に自宅に住む権利を確保することが可能になります（50ページ参照）。あるいは配偶者が自宅の所有権を取得した場合であっても、配偶者と子供との間で自宅の信託の契約を締結して、子供に自宅を管理してもらうこともできます。

5 マンション・駐車場

マンションや駐車場などの収益物件を持っている場合は、不動産経営のセンスがある相続人に残すとよいでしょう。これからは人口がどんどん減少していく時代です。人口が減るということは、不動産に対しての需要も少なくなると考えられます。時流を読んで運用をしていかなければ、せっかくの収益物件も利益を生まないばかりか、ただの不良資産になってしまうかもしれません。もし身内に適任者がいなければ、売却して金銭などの形で残すという選択もよいでしょう。

＊　＊　＊

このように財産によってさまざまな特徴があり、誰に承継してもらうかによって、財産が活かされるかどうかが変わってきます。財産が引き継いだ人に渡った後どうなっていくか、良いケースと悪いケースの両方を想定していくとよいでしょう。

3 財産調査の考え方

遺言書を作成するためには、まず自らの財産を調査し、正確に把握する必要があります。財産の全体を把握することで、各人の相続金額や遺留分金額を知ることができ、適切な分配を考えることができます。また、遺言書に財産を記載する際は、正確に記載しなければ無効となってしまうおそれもあります。相続の対象となる財産（相続財産）は、遺言者が持つ全ての財産であり、資産だけではなく、借金などの負債も含まれます。

巻末の「情報整理ノート」を活用し、本書を読みながら皆さんの財産をまとめてみましょう。

●相続財産の範囲

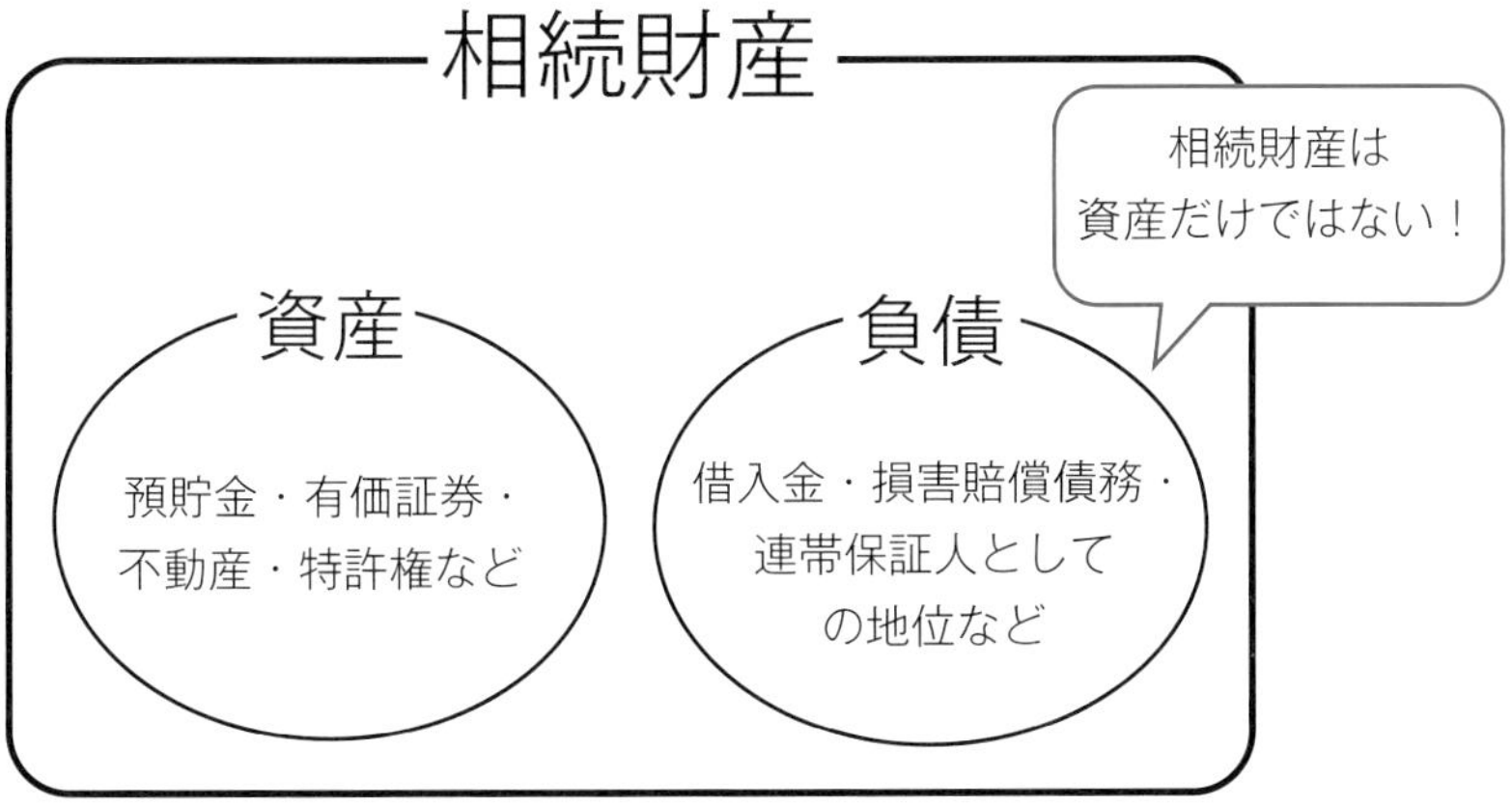

4 資産を調査しよう

資産の主な調査ポイントは、次の通りです。

1 預貯金

預貯金については、通帳やキャッシュカードを調べて、どこの金融機関に口座があるかを確認します。通帳がある場合には、記帳して最新の残高を確かめましょう。金融機関から「残高証明書」を発行してもらうこともできますが、預貯金の残高は変動するのが通常ですので、入手が必須とまではいえません。

この他、長い間使っていない口座や、通帳などは残っていないが、昔利用していた覚えがある金融機関の口座も、遺言書を作る際に確認するとよいでしょう。最寄りの金融機関の支店に、身分証明書を持参するなどして調べてもらうことができます。

2 有価証券

株や投資信託といった有価証券については、証券会社から送られてくる取引残高報告書などを参考に特定をします。株については、どの会社の株を持っているかも大事ですが、預託先の証券会社も明らかにしておくと、相続人の手続が円滑に進みます。

3 自社株

会社経営者の場合は、自社株についても持ち株数などを調査する必要があります。株主名簿がある場合には、株主名簿を調査し、作成していない場合には、法人税申告書別表2「同族会社の判定に関する明細書」を参考に調べることになります。

調査の結果、実は自分の持ち株数が思っていたものと違っていたり、曖昧だったりすることも多いです。そのような場合は、遺言書を作成するタイミングで整理するとよいでしょう。

4 不動産

不動産については、「○○の土地」「自宅」などざっくりと遺言書に記載する人が多いですが、正確に記載しないとトラブルにつながります。不動産の調査の仕方は、40ページで詳しく解説します。

5 貸付金

誰かにお金を貸している場合、その債権も遺産となります。契約書を作成している場合には、契約書を参考に貸した金額や相手方について記載します。

万が一、契約書を作成していなかったり、紛失したりしている場合には、改めて作成しておかないと、相続の際に相手に貸付けの事実を否定されるなどのトラブルが起こりかねません。

また、会社経営者は、経営する会社に対して貸付金が発生している場合もあるので、決算書をチェックしたり、税理士に確認したりしましょう。

6 動産

家財道具や洋服などの動産も相続財産になりますが、高額なものや思い入れの強いものでない限り、あえて遺言書に記載することは少ないです。問題になるのは、高価な骨とう品や美術品、貴金属などです。これらについては遺産として帰属先を決定しておくとよいでしょう。

7 その他

①～⑥の他に、保険、ゴルフ会員権やリゾート会員権、車、特許権なども相続財産となりますので、調査しておくとよいでしょう。

5 負債を調査しよう

主な負債についての調査ポイントは次の通りです。

① 借金

住宅ローン、カードローン、事業借入などの借金がある場合には、必ず借入先と遺言書作成時の残額を調査しましょう。相続人としても、相続放棄をすべきかどうか判断しやすくなります。住宅ローンについては、団体信用生命保険（団信）に加入している場合には、住宅ローンの借入人である遺言者が死亡すると、保険料が貸主である金融機関に支払われ、住宅ローンの支払いが免除されます。相続人としては、自宅が残せるかどうかに関わる重要な部分のため、団信への加入の有無もあわせて調査しましょう。

●団信の仕組み

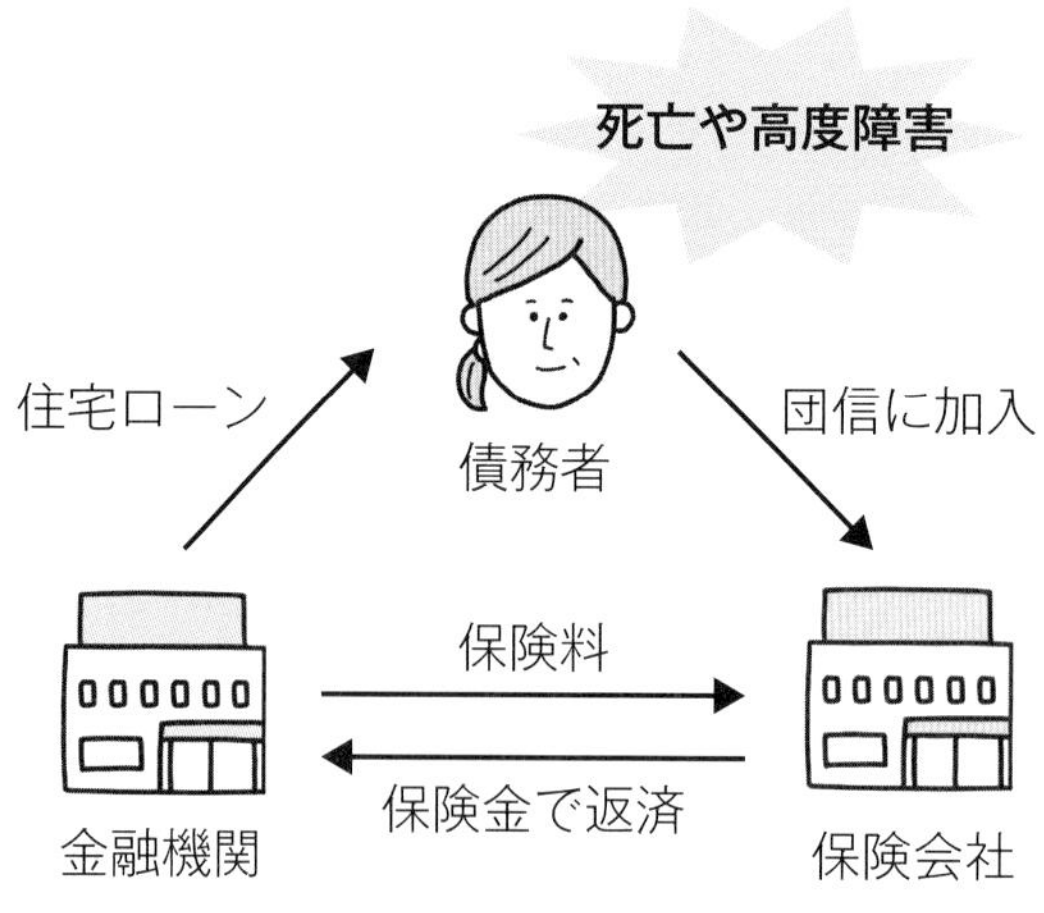

団信の加入が住宅ローンの条件となっていることも多いので、加入した覚えがなくても必ずチェック！

②連帯保証

連帯保証とは、お金を借りた人（主たる債務者）が貸主に返済ができなくなった場合に、連帯保証人が主たる債務者に代わって支払いを行う契約です。遺言者が、誰かの連帯保証人になっている場合には、連帯保証人としての地位も相続人に承継されます。遺言者が連帯保証人になっているかどうかは、遺言者から教えてもらわないと、相続人が把握することは困難です。そのため、知らないうちに連帯保証人としての地位を引き継いでいたという問題が実際に発生しています（52ページ参照）。遺言者としては、主たる債務者が支払いを滞っていなくても、連帯保証人となっているかどうかの事実は、相続人に伝える必要があります。

③その他

その他、第三者から損害賠償請求を受けていたり、連帯保証に似ていますが、親の介護施設に入所した際の身元保証人になっている場合などにも、負債として明記しておくとよいでしょう。

●連帯保証の仕組み

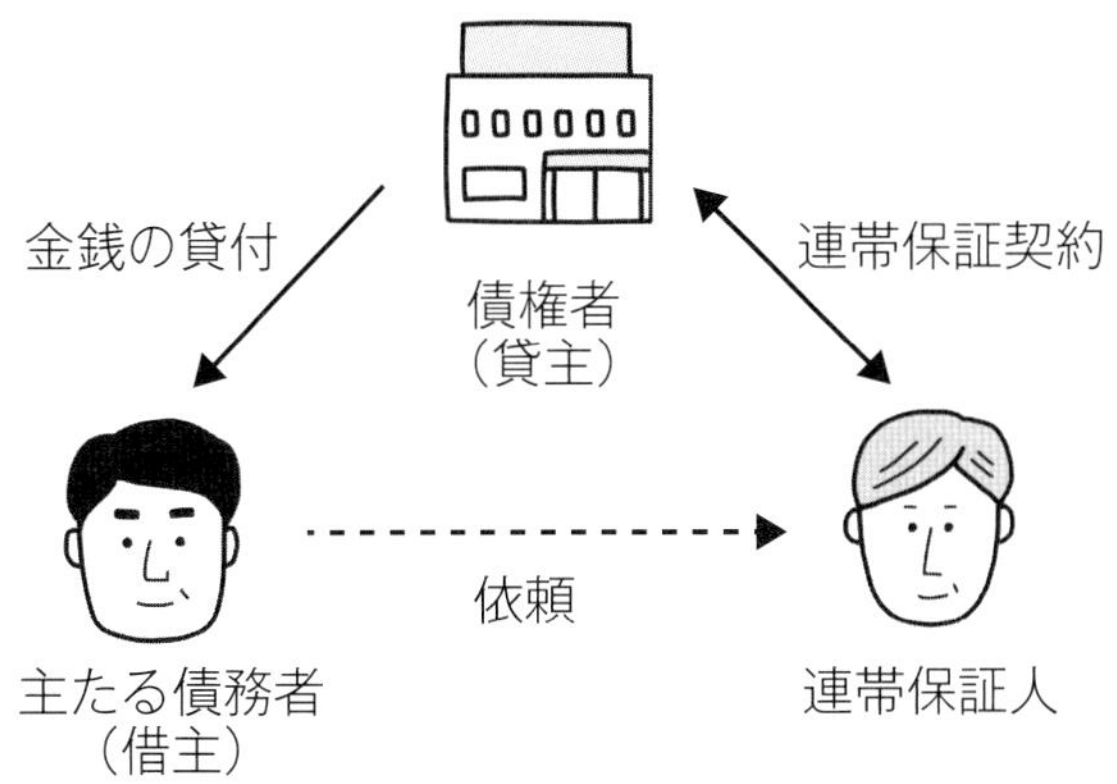

6 不動産を調査しよう

1 自分はどこに不動産を持っているのか

（1）意外に難しい不動産の把握

自分がどこにどのような不動産を持っているか、皆さんは正確にご存知でしょうか。「自宅だけだから、よくわかっている」と考える人が多いかもしれませんが、意外と自分の持っている不動産を正確に把握するのは難しいのです。例えば、自宅であれば一見すると1つの土地と建物から構成されているように思いがちですが、実は登記上では土地が2つや3つに分かれていることはよくあります。

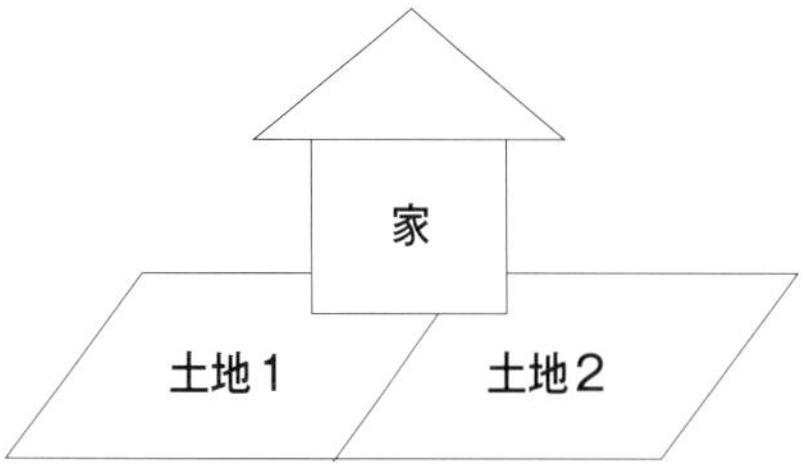

（2）課税明細書をチェック

自分が持っている不動産をチェックするためには、まず固定資産税の課税明細書を見るとよいでしょう。各市町村が把握している遺言者の所有の不動産が記載されています。これにより多くの場合は自分の持っている不動産を把握することができます。

（3）課税明細書に記載されない不動産がある

課税明細書にも全ての不動産が記載されるとは限りません。具体的には、固定資産税の課税の対象とならない道路部分の持分などが代表的です。また、山林などに多いのですが、評価額が低いため、そもそも課税明細書が送られてこないという場合もあります。このような場合は、不動産を取得した際の、いわゆる権利証（登記識別情報や登記済証）を確認するなどして調べることになります。

（4）「名寄帳」の活用

より詳細に調査を行いたい場合は、市町村に「名寄帳（なよせちょう）」を請求することも可能です。名寄帳とは、ある人が市町村に所有している不動産の一覧が記載されている帳簿です。名寄帳には非課税の不動産も含めて市町村が把握している対象者の不動産が全て記載されています。しかし、取扱いが異なる市町村もあるようです。念のために各市町村に確認するとよいでしょう。

（5）「公図」の活用

「公図」とは法務局に備え置かれた図面で、土地の大まかな形状や並び方が記載されています。自分が持っている不動産の把握には、この公図を活用することも有効です。42ページの公図を見てください。Xと書かれている場所が、皆さんの自宅が建っている土地です。その周りにある土地の地番が、公図を見ればわかります。公図をみると、「3」「4」「5」「6」「7」の土地と、小さい「Y」と「Z」という土地が隣接しています。不動産調査をするうえでは、自分の土地の登記事項証明書だけではなく、公図を見て自分の土地と隣接する土地の登記事項証明書を取得して調査をしておくとよいでしょう。特に「Y」や「Z」という小さな土地が、実は祖父母の名義のままだったということが少なからずあります。祖父母の名義であっても、自分が相続をしているのであれば、自分の財産となります。このことに気が付かないと、後の世代の人たちが解決しなければならず、大変な手間がかかることになります。

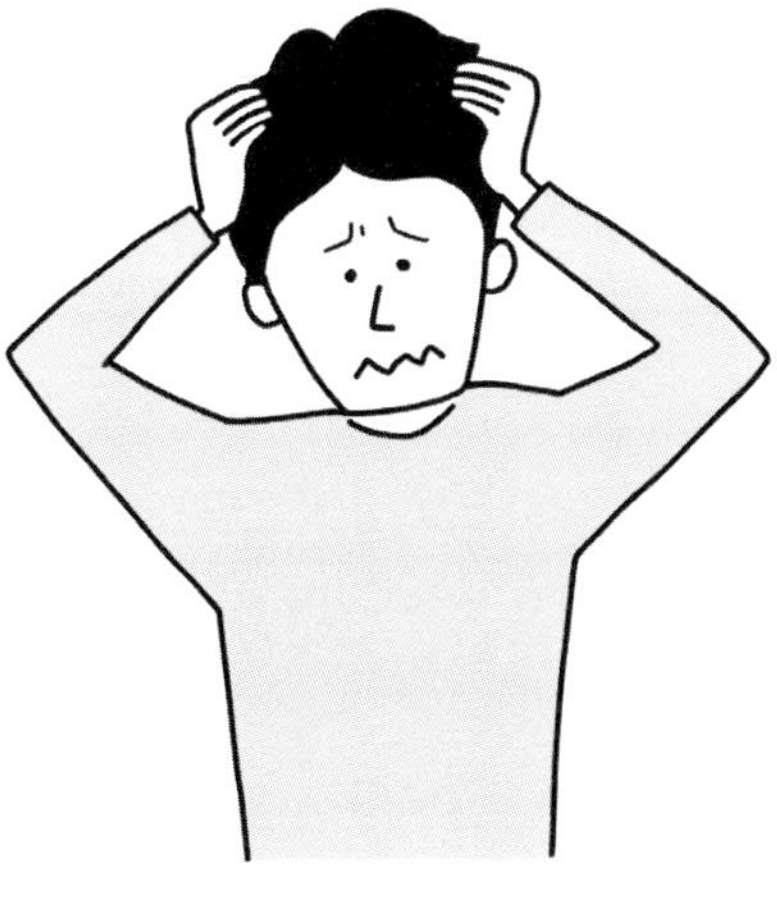

●公図の例

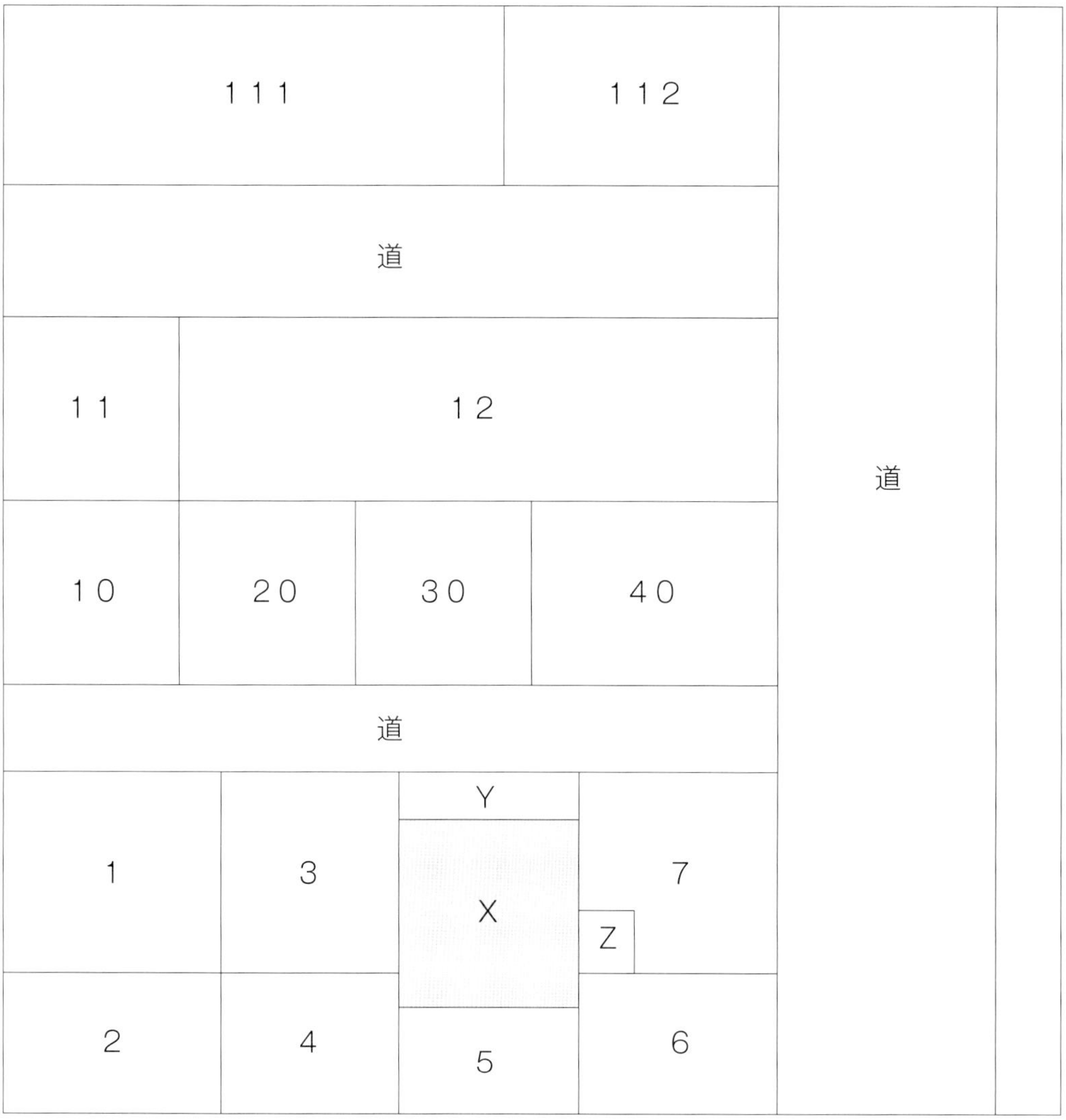

請求部分	所在	東京都千代田区○○一丁目				地番	X		
出力縮尺	1/500	精度区分	甲二	座標系番号又は記号	X	分類	地図（法第14条第1項）	種類	法務局作成地図
作成年月日	平成○年○月○日			備付年月日（原図）	平成○年○月○日		補記事項		

2 不動産登記簿

土地や建物といった不動産に関する権利関係は、不動産登記簿という法務局が管理する帳簿に記録されます(45ページ参照)。帳簿といっても実際には、電磁的にデータベースに記録されることになります。新しくマイホームを購入したときや、相続によって不動産を取得したときは、登記を行うことで、その権利が保護される効果があります。遺言書で不動産を承継させる場合も、この不動産登記の制度を理解して遺言書を作成する必要があります。

3 登記事項証明書

(1)「地番」「家屋番号」

不動産登記簿に記録された権利関係は、法務局が発行する「登記事項証明書」で知ることができます。登記事項証明書は法務局に行って請求すれば、誰でも発行してもらうことができます。他人が所有している不動産の登記事項証明書であっても、基本的には取得可能です。発行してもらうためには、どの不動産について必要かを指定しなければなりません。不動産登記制度では、所在地の他、土地については「地番」、建物については「家屋番号」で管理がされています。よって、この「地番」や「家屋番号」が正確にわからなければ、自らの所有する不動産の登記事項証明書が取得できないことになります。

(2)「住居表示」

地番や家屋番号によく似たものに、「住居表示」というものがあります。住居表示とは、都市化が進み人口が増加するなかで、個人の住所を地番で特定していては郵便物が届かないなどの不都合が生じ始めたために、地番とは別に、市町村が建物の場所を特定する番号を付けたものです。地番による住所が「○番地○」となっているのに対して、住居表示が実施されている地域では住所が「○丁目○番○号」という具合に表示されます。住居表示は、「住居表示に関する法律」という法律に基づいて市町村が実施します。もし、自分の持っている不動産について住居表示しかわからない場合は、その情報だけでは登記事項証明書を取得できませんが、市町村に電話で確認をすれば、「地番」や「家屋番号」を教えてくれることが多いです。また、毎年市町村から送られてくる固定資産税の課税明細書には、所有する地番や家屋番号が記載されています。

④ 司法書士に相談をしてみる

不動産の調査はノウハウが必要であり、特に不動産をたくさん持っている人などは全てを把握するには困難を伴います。司法書士は、登記手続を通して不動産を調査するノウハウを持っているため、普段から付き合いのある司法書士や、もし身近にいなければ税理士や弁護士、銀行などを通して相談をしてみるとよいでしょう。

●地番・家屋番号・住居表示の違い

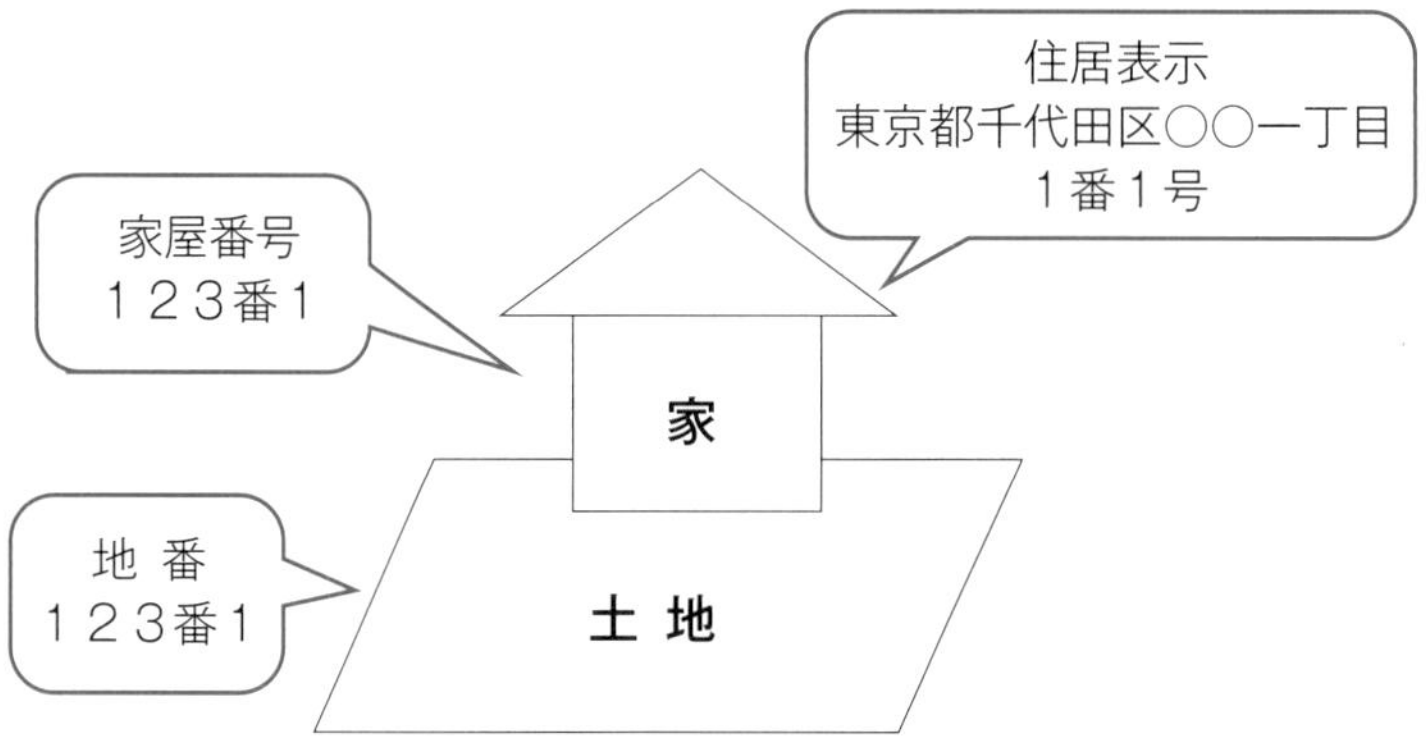

●不動産登記簿の例

表　題　部（土地の表示）	調製	余白	不動産番号	0123400000000	
地図番号	余白	筆界特定	余白		
所　　在	千代田区○○一丁目			余白	
①地　番	②地　　目	③　地　積　m^2		原因及びその日付［登記の日付］	
△番□	宅地	123	10	△番○から分筆 ［平成○年４月６日］	

権　利　部（甲　区）　（所　有　権　に　関　す　る　事　項）			
順位番号	登記の目的	受付年月日・受付番号	権利者その他の事項
1	所有権移転	平成○年３月11日 第1234号	原因　平成○年３月11日売買 所有者　東京都千代田区○○一丁目○番○号 山田　太郎 順位番号１番の登記を移記

権　利　部（乙　区）　（所　有　権　以　外　の　権　利　に　関　す　る　事　項）			
順位番号	登記の目的	受付年月日・受付番号	権利者その他の事項
1	抵当権設定	平成○年３月11日 第1235号	原因　平成○年３月11日金銭消費貸借同日設定 債権額　金2000万円 利息　年○％（年365日日割計算） 損害金　年14％（年365日日割計算） 債務者　東京都千代田区○○一丁目○番○号 山田　太郎 抵当権者　東京都千代田区大手町一丁目○番○号 株式会社甲乙銀行 （取扱店　千代田支店） 共同担保　目録（○）第1234号

7 財産目録を作成しよう

財産の調査が終わったら、その結果を財産目録の形にまとめましょう。巻末の「情報整理ノート」も活用してみてください。財産目録の形式に特に決まりはありませんが、相続人が見やすいように一覧にするとよいでしょう。

財産の種類ごとに、財産目録に記載すべき要素は次の通りです。

1 預貯金

預貯金については、金融機関名と支店名を記載すれば、最低限の情報としては足りますが、他にも口座番号・種別や残高を記載するとよいでしょう。残高については、遺言書の効力発生時(遺言者の死亡時)には、変動していることが通常ですので、いつ時点の残高であるかを記載するとよいでしょう。

2 有価証券

株や投資信託などの有価証券については、銘柄や預託先の証券会社名などを記載します。価額や数量についても、預貯金と同様にいつ時点のものであるかを記載するとよいでしょう。

3 不動産

不動産については、固定資産税の課税明細書や不動産の登記事項証明書といった公的書類を参考に記載することが望ましいといえます。「自宅」や「○○の土地」といった記載方法や、「東京都杉並区○○一丁目〇番〇号」というように住居表示を用いて記載をすると、不動産の特定が不十分で、不動産についての登記手続が行えない場合があります。

また不動産の価額については、「固定資産税評価額」「実勢価格（実際の取引される価格）」「相続税評価額」「公示価格」といったさまざまな価値評価方法があります。このうち、「固定資産税評価額」については、年1回市町村から郵送される納税通知書に添付されている課税明細書に記載があります。そのため、金額の把握がしやすく遺言書作成のタイミングでは「固定資産税評価額」を参考値として記載する人が多いようです。

4 その他

その他、動産や特許権などの権利など、さまざまなものが相続財産となりえますが、識別番号などが付されているものについては、遺言書に記載すると特定に役立ちます。金銭的な価値が不明なものについては購入時の価格などもわかる範囲で記載しておくとよいでしょう。

5 負債

負債についても財産目録に記載する必要があります。借入先や残額を記載しましょう。

●財産目録の例

令和○年○月○日作成

1．預貯金

銀行名	支店名	種 別	口座番号	残 高	備 考
○○銀行	東支店	普 通	123456	1,000,000	令和○年○月 ○日時点
○○銀行	西支店	定 期	564321	5,000,000	令和○年○月 ○日時点

2．有価証券（株式、投資信託）

種 別	銘柄等	証券会社等	数 量	評 価 額	備 考
株 式	○○産業 株式会社	○○証券 ○○支店	100株	3,000,000	令和○年○月 ○日時点
投資信託	○○○○	○○証券 ○○支店	500,000口	1,000,000	令和○年○月 ○日時点

3．不動産

種 別	所 在	地番／ 家屋番号	地積／ 床面積	地目／ 種類	評 価 額	備 考
土 地	東京都 杉並区○○ 一丁目	123番1	120.00m^2	宅 地	15,000,000	令和○年度 固定資産税 評価額
家 屋	東京都 杉並区○○ 一丁目	123番1	1階 80.12m^2 2階 79.00m^2	居 宅	5,000,000	令和○年度 固定資産税 評価額

4．その他

種 類	識別番号等	価 格
自動車	○○自動車○○ （平成○年購入）	3,000,000 （購入時価格）
腕時計	○○製 番号；XY1234E	600,000 （購入時価格）
貸金債権	相手方：○○○○氏 貸付日：平成○年○月○日 金1,000,000円	200,000円 （令和○年○月○日時点残高）

5．負 債

種 別	借入先	借入日	残 額	備 考
カードローン	○○ クレジット	令和○年 ○月○日	300,000	令和○年○月○日 残高
住宅ローン	○○銀行 ○○支店	平成○年 ○月○日	20,000,000	令和○年○月○日 時点残高 団信の加入あり

コラム「配偶者居住権」ってなに？

高齢化の進展を背景に、高齢者の安定した居住権の確保が重要になっています。例えば、夫名義の自宅に長年住んでいる妻(配偶者)がいたとします。夫が亡くなると、夫名義の自宅は、妻を含めた相続人の共有になり、妻がこれまでと変わらず自宅に住むためには、自宅の所有権を取得する必要があります。相続人同士で遺産分割協議がまとまれば、妻は自宅の所有権を取得することができます。

しかし、自宅以外に分ける財産がなかったり、相続人間の仲が悪く、遺産分割協議がまとまらなかったりするケースもあります。そうすると場合によっては、自宅が相続人の共有になり、妻が他の相続人に使用料を支払うことになったり、自宅の所有権を取得できず、退去することになったりという事態も生じかねません。高齢者が住み慣れた自宅を離れなければならないということが、大変な負担になることは想像に難くないと思います。

こうした問題に対応するために、相続法の改正では「配偶者居住権」という新しい権利が創設され、配偶者が住み慣れた自宅の居住権を確保しやすいようになりました。配偶者居住権は、遺言者が遺言書で設定するか、遺産分割協議または審判によって設定することが可能です。

具体的には、遺言書で自宅の所有権は子供に相続させつつ、あわせて自宅に配偶者居住権を設定し、配偶者の居住権を確保するのです。配偶者居住権は登記が可能であり、対外的にも公示されます。

●自宅の相続関係

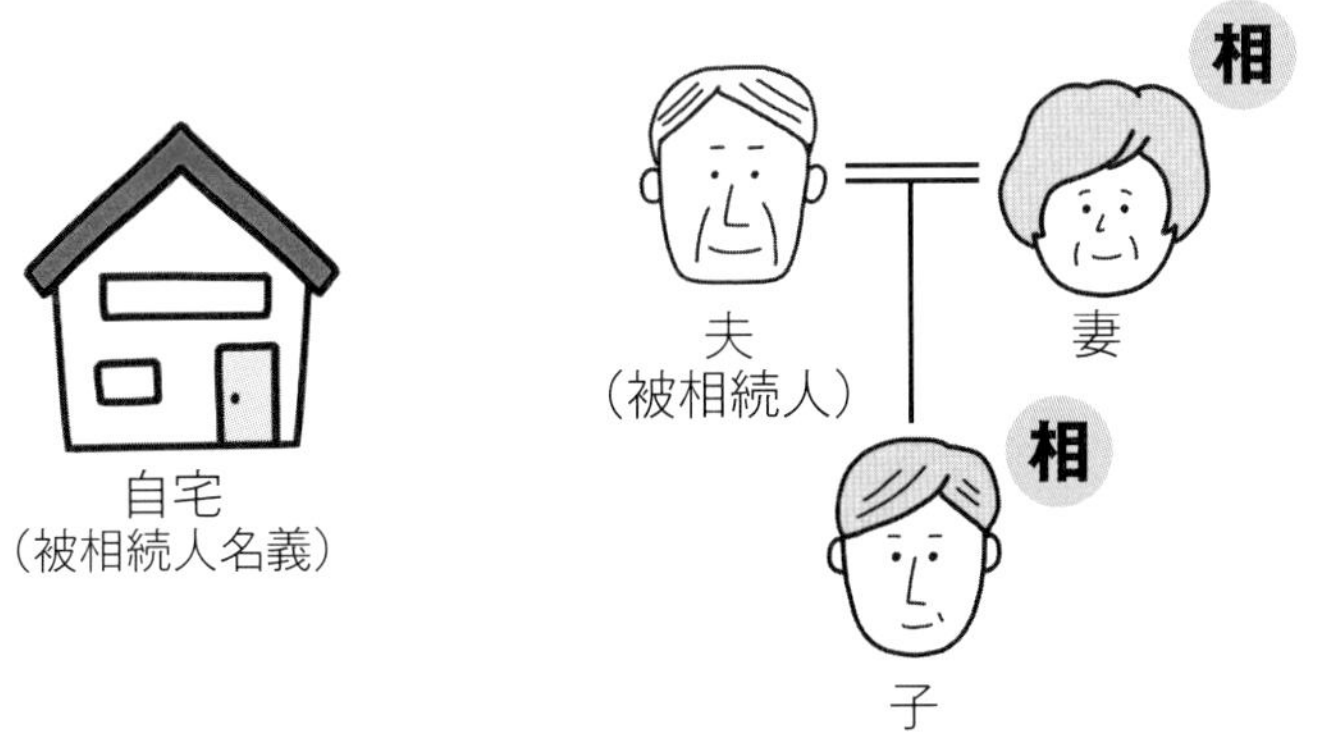

※相続発生と同時に自宅が妻と子の共有となる。

●配偶者居住権の登記記録の例

権　利　部（乙区）	（所有権以外の権利に関する事項）		
順位番号	登記の目的	受付年月日・受付番号	権利者その他の事項
1	配偶者居住権設定	令和○年○月○日 第1234号	原因　令和○年○月○日遺贈 存続期間　配偶者居住権者の死亡時まで 特約　第三者に居住建物の使用又は収益をさせることができる。 配偶者居住権者　東京都千代田区○○一丁目1番1号 山田　花子

コラム「連帯保証」に気を付けよう

「連帯保証人になってはいけない」と、昔からよくいわれますが、相続に関しても連帯保証はさまざまな問題を起こしています。次ページの関係図をみてください。

Ａさんからみた祖父は、１９９８年に主たる債務者の２億円の借入れを連帯保証しています。しかし、祖父はそのことを誰にも告げないまま、２０００年に亡くなりました。祖父の連帯保証人の地位を引き継いだのは、Ａさんの父ですが、父としては祖父からなにも告げられておらず、また主たる債務者も順調に返済を続けていたため、債権者から請求がされません。そのため父は自分が連帯保証人の地位を相続していることに気が付きませんでした。その父も、２０１６年に亡くなったため、Ａさんが連帯保証人の地位を相続したことになっています。Ａさんが連帯保証人の地位を引き継いでから初めて、主たる債務者が返済を滞り始めました。債権者としては、連帯保証人に支払いを求めることになっていますが、祖父は亡くなっているため、戸籍などを調査して、祖父の連帯保証人の地位を引き継いでいる人を探すことになります。そして、相続関係から見て、Ａさんが相続していることが判明したため、Ａさんに対して支払いの請求をするのです。Ａさんからすると理不尽なようにも思えますが、実際に相続の現場ではこのようなことが起こっています。連帯保証の事実さえ知っていれば、相続放棄をすることもできますから、遺言者としては、自分の負債を正確に相続人たちに伝えることが求められます。

●連帯保証人の地位の相続

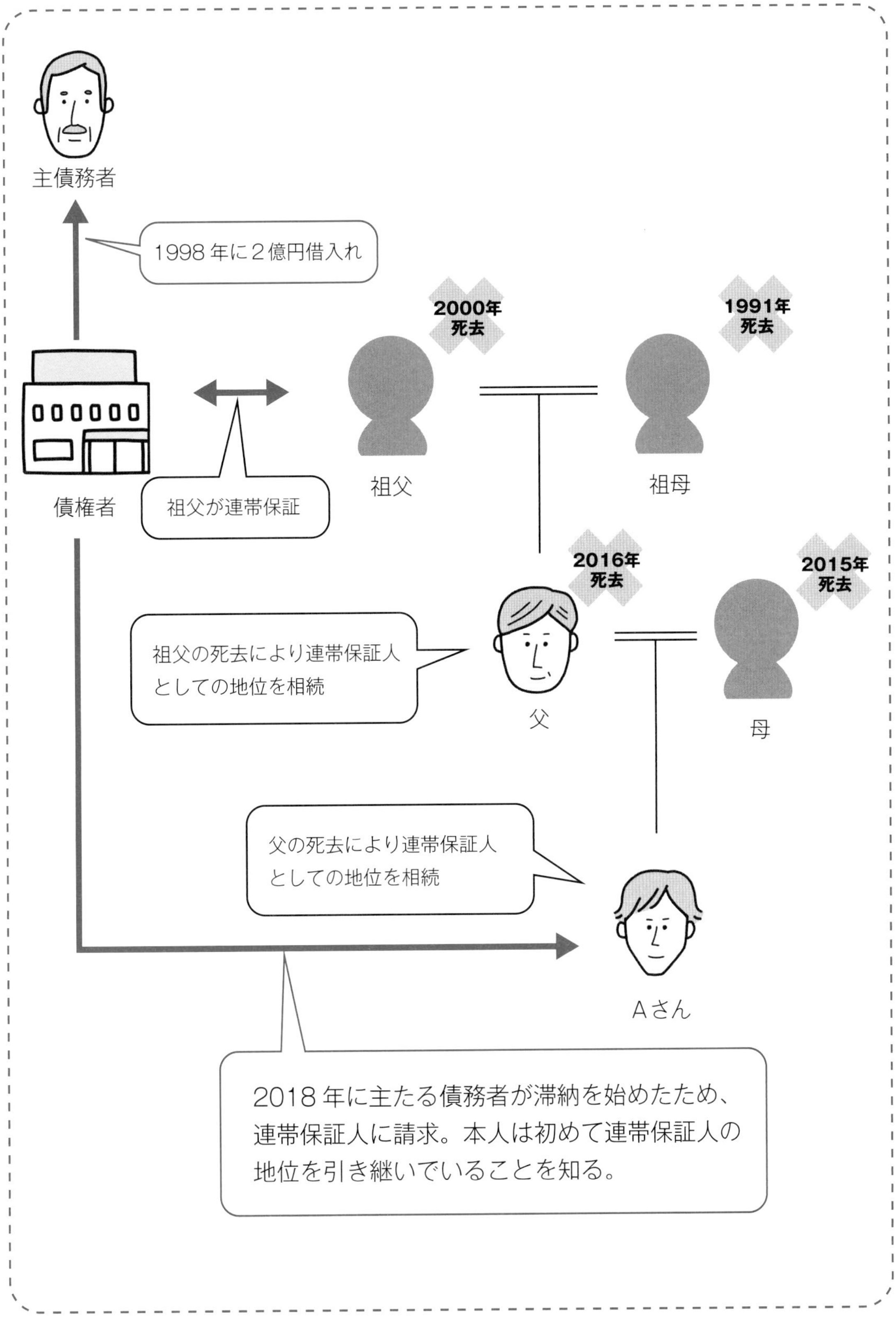
主債務者
1998年に2億円借入れ
債権者
祖父が連帯保証
2000年死去
祖父
1991年死去
祖母
2016年死去
父
2015年死去
母
祖父の死去により連帯保証人としての地位を相続
父の死去により連帯保証人としての地位を相続
Aさん
2018年に主たる債務者が滞納を始めたため、連帯保証人に請求。本人は初めて連帯保証人の地位を引き継いでいることを知る。

第3章

自筆証書遺言の作成

本章では、ケースごとに遺言書の書き方を解説しています。皆さんの状況に近い文例を参考に、実際に遺言書を作成してみましょう！

1 遺言書作成時に注意するポイント

財産の調査が終わったら、次はいよいよ遺言書の作成です。作成時に特に注意したい点を紹介します。

1 ボールペンは消えないものを使う

自筆証書遺言を作成するためには、ボールペン、用紙、印鑑を用意する必要があります。ボールペンは、消しゴムなどで消すことができないものを使用してください。また、用紙には原則として指定はありませんが、保管制度を利用する場合には、Ａ４サイズの用紙を使用しましょう(76ページ参照)。

2 印鑑証明書を用意する

自筆証書遺言に押印する印鑑は、実印でも認印でも差し支えありません。しかし、実印で押印したほうが、遺言者自身が押印をしたことを対外的に示しやすくなり、トラブルを防止する効果が期待できます。実印で押印する場合は、印鑑証明書を取得して遺言書とともに保管しましょう。印鑑証明書がないと、相続人からは押印された印鑑が実印であるかの照合が困難になるためです。

3 表現に注意する

実際に作成された遺言書を見ると「〇〇に預貯金を『あげる』」という表現を使っている人が多いようです。このままでも遺言書として利用できますが、「〇〇に相続させる」「〇〇に遺贈する」と書くようにしましょう。曖昧な表現を使うと、財産の名義変更をする際に、トラブルになるおそれがあるためです。

4 遺言者、相続人などの情報は正確に記載する

遺言書には、遺言者本人の氏名や住所の他、相続人と*受遺者の氏名や住所を記載します。これらの情報は、戸籍や住民票の記載の通りにしましょう。戸籍などと遺言書で表記が異なると、同一人物か特定が難しくなり、相続手続が円滑に進まなくなったり、遺言書が無効になったりするおそれもあります。

5 夫婦共同の遺言書にしない

「私たち夫婦は次の通り遺言を残します」というように、複数人が同じ用紙で遺言書を作成すると、民法の規定により無効になります。

6 日付は正確に記載する

遺言書には、「吉日」などではなく、「令和3年1月1日」というように作成日を具体的に書きます。

7 遺留分に配慮する

きょうだい以外の相続人には「※遺留分」が認められています。紛争を予防するため、遺言書を作成する際には遺留分を侵害していないか注意しましょう。遺産のほとんどが自宅などの不動産というケースなど、どうしても遺留分を侵害する内容になることがありますが、その場合も遺言書自体は有効です。

紛争のおそれがあるときは、換金できそうな財産を処分し、遺留分に配慮するなどの工夫が必要です。「情報整理ノート」の遺留分の割合の表を参考に、遺産の分け方を考えましょう。

＊　＊　＊

次ページ以降では、遺言書の文例を紹介します。皆さんが書こうと思っている遺言書の内容に近いものを参考に下書きし、推敲を重ねて理想的な遺言書を目指しましょう。

2 文例1　自宅を妻に相続させ、預貯金を子供に相続させるケース

文例1のような遺言書は、住み慣れた自宅を妻に残し、預貯金については、妻の面倒を見てくれる予定の家族に残したいというようなケースでみられます。この遺言書のポイントは、不動産の記載の仕方です。妻に不動産の権利を確保してもらうためには、遺言書に基づく相続登記が滞りなく行われる必要があります。そのためには不動産の記載が正確であることが重要ですが、文例1のような不動産の記載の方法は、登記制度でよく用いられています。不動産については、単に「自宅」と記載していたり、「東京都千代田区〇〇一丁目1番1号」と住居表示で記載をしていたりするケースが散見されますが、登記がスムーズに進まないおそれがありますので、注意が必要です。

なお、マンションの場合の記載の仕方は下段を参照してください。

●マンション（敷地権付区分建物）の記載の仕方

一棟の建物の表示
所 在　東京都千代田区〇〇一丁目200番地1
建物の名称　東京〇〇マンション

専有部分の建物の表示
家屋番号　千代田区〇〇一丁目200番1の505
建物の名称　505
種　類　居宅
構　造　鉄筋コンクリート造1階建
床面積　5階部分　70.50m²

敷地権の表示
土地の符号　1
所在及び地番　東京都千代田区〇〇一丁目200番1
地　目　宅地
地　積　700.00m²
敷地権の種類　所有権
敷地権の割合　345678分の5678

※マンション（区分建物）敷地を書いていない遺言書が多くみられます。敷地についても登記事項証明書を参照して記載する必要があります。

●文例1　自宅を妻に相続させ、預貯金を子供に相続させるケース

遺　言　書※1

※1　遺言書とすぐにわかるタイトルでないと、うっかり捨てられてしまう可能性もありますので、明記しましょう。

遺言者　山田太郎は次の通り遺言する。

1．遺言者は、下記の不動産を 妻 山田花子（昭和○年○月○日生）に相続させる。

（土地）※2
所在：東京都千代田区○○一丁目
地番：100番1
地目：宅地
地積：123.00m²

（家屋）※3
所在：東京都千代田区○○一丁目100番地1
家屋番号：100番1
種類：居宅
構造：木造瓦葺2階建
床面積：1階50.00m²　2階45.00m²

※2、3　土地と建物の記載例です。登記事項証明書を参照しながら記載しましょう。

2．遺言者は、下記の預貯金を 長男 山田健太郎（昭和○年○月○日生）に相続させる。

① ○○銀行　○○支店　普通預金　口座番号123456
② ○○信用金庫　○○支店　定期預金　口座番号654321

令和○年○月○日
東京都千代田区○○一丁目1番1号※4
遺言者　山田太郎　　　　㊞ ※5

※4　遺言者の住所の記載までは法律上求められていませんが、各種相続手続では、氏名や住所、生年月日などの遺言者本人の確認ができる要素を盛り込んでおくとスムーズです。住民票などの公的書類をもとに正確に記載しましょう。

※5　印鑑は実印、認印、どちらでも差し支えありません。実印で押印したほうが「本人が遺言書を作成した」ということが証明しやすくなります。その場合は実印の印鑑証明書を準備し、遺言書と一緒に保管しておきましょう。第三者からは遺言書に押印された印鑑が実印であるかの確認が困難なためです。

3 文例2 パソコンで作成した財産目録を利用するケース

相続法の改正により、自筆証書遺言であっても財産目録についてはパソコンで作成することが認められました。文例2のように、本文については、自書しつつ、パソコンで作成した財産目録を添付することができます。

相続法の改正前は、「全文を自書」することが必要であったため、財産目録に細かく財産を記載して遺言書を作成することが困難でした。そのため、多くの場合は「不動産は長男に相続させる」「預貯金は次男に相続させる」というように、ある程度包括的に財産を特定して遺言書が作成されていました。

パソコンで作成した財産目録が許容されると、財産ごとに細かく承継者を指定した、複雑な遺言書を作成することも容易になるなど、さまざまなメリットがあります。また、パソコンで作成した財産目録以外にも、不動産であれば登記事項証明書や、預貯金であれば通帳をコピーしたものを目録として添付することも認められます(63ページ参照)。

なお、財産目録は、本文とは別の紙として用意する必要があります。1ページの遺言書に自書した部分とパソコンで作成した目録部分が混在するような形で作成することは、認められていません。

●文例2-1　パソコンで作成した財産目録を利用するケース

遺 言 書

遺言者　山田太郎は、次の通り遺言する。

1．別紙財産目録1に記載の不動産を妻の山田花子(昭和〇年〇月〇日生)に相続させる。
2．別紙財産目録2に記載の預貯金を長男の山田一太郎(昭和〇年〇月〇日生)に相続させる。
3．別紙財産目録3に記載の有価証券を長女の山田英子(平成〇年〇月〇日生)に相続させる。
4．(1)遺言者はこの遺言の遺言執行者として下記の者を指定する。
　東京都杉並区〇〇一丁目1番1号 ※1
　司法書士　〇〇〇〇
　昭和〇〇年〇月〇日生
(2)遺言執行者は、この遺言を執行するに際し、預貯金、有価証券等の名義変更、解約、払戻請求等その他この遺言の執行に必要な一切の行為を行う権限を有する。
(3)遺言執行者はその任務を第三者に行わせる事ができる。

2021年〇月〇日 ※2
東京都千代田区〇〇一丁目1番1号
遺言者　山田太郎　㊞

※2　日付は西暦でも和暦でもどちらでも差し支えありません。

※1　遺言執行者は、預貯金の名義変更など遺言の内容を実現するための手続を行います。遺言書の内容の実現はかなりの労力が必要なため遺言書で定めておくことが望ましいといえます。司法書士などの専門家に依頼することができるほか、相続人に適任者がいればその人に就任してもらうこともできます。

●文例2-1　別紙：財産目録

別紙

財産目録

１．不動産

所在：東京都千代田区○○一丁目

地番：100番1

地目：宅地

地積：123.00m^2

２．預貯金

① ○○銀行　○○支店　普通預金　口座番号１２３４５６

② ○○銀行　○○支店　普通預金　口座番号５６７８９０

３．有価証券

① ○○株式会社　　普通株式　100株

　預託先　○○証券○○支店　（口座番号○○○○）

② ○○ファンド　1000口

　預託先　○○証券○○支店　（口座番号○○○○）

山田太郎　㊞ ※1

※1　パソコンなどで作成した財産目録を添付する場合には、財産目録の各ページに遺言者が署名して押印する必要があります。

●文例2-2　登記事項証明書や通帳コピーを添付するケース

遺言書

遺言者　山田太郎は、次の通り遺言する。

1．別紙１の不動産を妻の山田花子（昭和○年○月○日生）に相続させる。

2．別紙２の預貯金を長男の山田一太郎（昭和○年○月○日生）に相続させる。

2021年○月○日
東京都千代田区○○一丁目１番１号
遺言者　山田太郎　㊞

●文例2-2　別紙１：登記事項証明書

別紙１

表　題　部（土地の表示）		調製	平成○年２月21日	不動産番号	0123456789000
地図番号	余白	筆界特定	余白		
所　在	千代田区○○一丁目		余白		
①地　番	②地　目	③　地　積　㎡	原因及びその日付［登記の日付］		
○番○	宅地	123 ｜ 00	△番○から分筆 ［平成○年４月５日］		
余白	余白	余白	平成17年法務省令第18号附則第３条第２項の規定により移記 平成○年２月25日		

権　利　部（甲　区）（所　有　権　に　関　す　る　事　項）			
順位番号	登記の目的	受付年月日・受付番号	権利者その他の事項
1	所有権移転	昭和△年２月10日 第123456号	原因　昭和○年11月２日売買 所有者　文京区目白一丁目●番▲号 田中　太郎 順位番号１番の登記を移記
	余白		平成17年法務省令第18号附則第３条第２項の規定により移記 平成○年２月25日
2	所有権移転	平成○年５月25日 第12345号	原因　昭和○年５月25日売買 所有者　千代田区○○一丁目○番○号 山田太郎

これは登記簿に記載されている事項の全部を証明した書面である。
令和○年○月○日
東京法務局　　登記官　　法　務　太　郎　　印
※　下線のあるものは抹消事項であることを示す。　　整理番号D3○○○○

山田太郎㊞※１

●文例2-2　別紙２：通帳のコピー

別紙２

普通預金通帳　　○○銀行○○支店
名義人　山田太郎様
店番　○○　　口座番号○○○○○

山田太郎㊞※２

※1、2　ページごとに遺言者が署名し、押印をする必要があります。

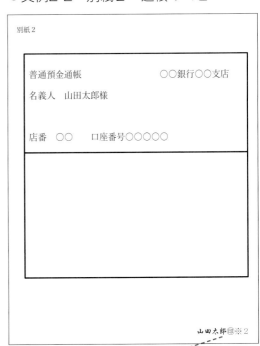

4

文例3　婚姻関係のないパートナーに遺産を渡すケース

さまざまな家族のあり方が広がるなかで、法律的な婚姻関係を持たずに（あるいは法律上の制約で持つことができずに）家族関係を構築する人も増えています。現行の法律では、法律上の婚姻関係がなければ、パートナーに遺産を相続してもらうことができません。そのような場合には、遺言書を利用して遺産を渡すということが考えられます。

パートナーに遺産を渡す遺言書を作成するのは、難しいことではありません。円滑にパートナーに遺産を渡すためには、遺言執行者を選任しておくことや、遺留分を持つ相続人がいる場合には、一定の遺産を渡すなどの配慮をしておくことが考えられます。

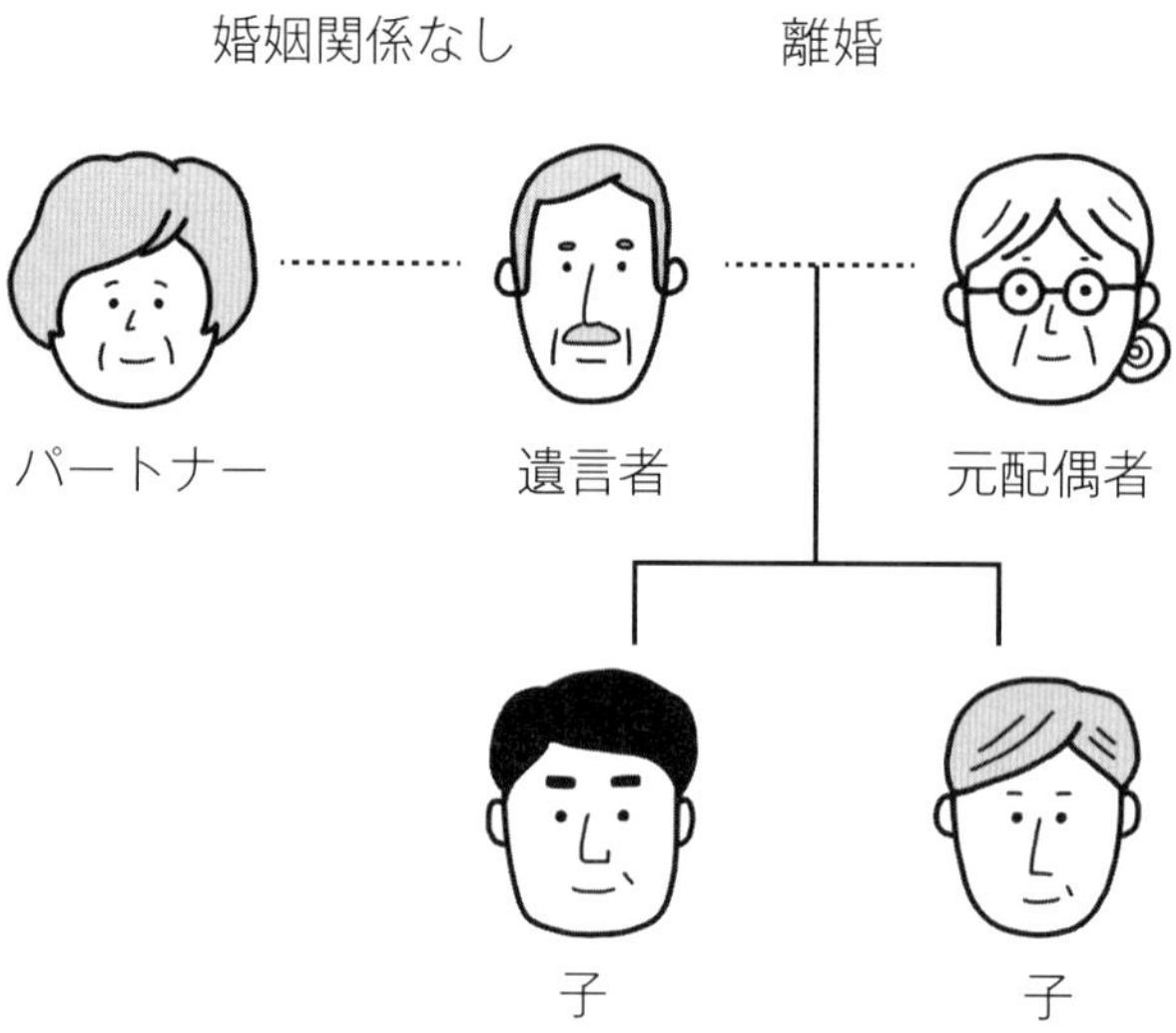

●文例3　婚姻関係のないパートナーに遺産を渡すケース

遺言書

遺言者　山田太郎は、次の通り遺言する。

1．遺言者は別紙財産目録１に記載の不動産、別紙財産目録２に記載の預貯金を鈴木幸子（東京都千代田区〇〇一丁目１番１号※1 昭和〇年〇月〇日生）に遺贈する。

2．遺言者は長男 山田一郎（昭和〇年〇月〇日生）、二男 山田次郎（昭和〇年〇月〇日生）に現金100万円をそれぞれ相続させる。

3．遺言者はこの遺言の遺言執行者として下記の者を指定する。
東京都杉並区〇〇一丁目１番１号
司法書士　　〇〇〇〇
昭和〇〇年〇月〇日生

※1　遺言者との関係が戸籍などの書類で証明できない可能性があるため、人物の特定のために住所まで記載したほうがよいでしょう。

～中略～

付言事項
一郎、次郎へ。二人とも立派な大人に成長してくれました。あまり近くにはいてやれなかったけれど、お父さんなりに学費や生活費などは二人が困らないように工面してきたつもりです。幸子さんとは、次郎が成人してから一緒に生活しているので、もう30年以上のお付き合いになります。とてもお父さんはお世話になりました。お父さんと一緒で高齢の幸子さんの生活が心配なので、遺産を多く渡したいと思っています。どうか遺留分の請求などはしないでください。いままでありがとう。※2

※2　相続人の心情に訴えることも、大きな効果があります。

2021年〇月〇日
東京都千代田区〇〇一丁目１番１号
遺言者　山田太郎　　㊞

5 文例4　遺産を自分が希望する団体に寄付するケース

自分の遺産を社会に役立ててもらうために、自分が関心のある研究を行っている大学や、慈善事業を行っている団体に遺産を寄付(遺贈寄付)する人が増えています。

相続人がいない人の遺産は、最終的には国庫に帰属することになります。年間で国庫に帰属する遺産は数百億円にもなるとされています。自分の人生で構築してきた財産ですから、遺贈寄付によって、自分の希望通りに社会に役立ててもらうことは、遺産の使い方の有力な選択肢といえるでしょう。

遺贈寄付については、団体ごとに専門の窓口を設けていることもあるため、事前に問い合わせ、了承のうえで行うとよいでしょう。遺贈寄付は、現金のみ受け入れがされているケースが多いため、不動産などの財産については売却をしてお金に換えてからでないと寄付ができない可能性があります。そのため、遺言執行者を選任し、遺言執行者に財産を売却などによりお金に換えてもらったうえで、寄付するよう遺言書を作成するとよいでしょう。

郵便はがき

料金受取人払郵便

神田局
承認
5976

差出有効期間
2022年６月９
日まで

（切手不要）

1 0 1 - 8 7 9 1

518

東京都千代田区内神田1－6－6
（ＭＩＦビル５階）

株式会社 清文社 行

ご住所 〒（ ）

ビル名 （ 階 号室）

貴社名

部 課

お名前《ふりがな》

電話番号

ご職業

E－mail

※本カードにご記入の個人情報は小社の商品情報のご案内、またはアンケート等を送付する目的にのみ使用いたします。

愛読者カード

ご購読ありがとうございます。今後の出版企画の参考にさせていただきますので、ぜひ皆様のご意見をお聞かせください。

■本書のタイトル（ご購入いただいた書名をお書きください）

1. 本書をお求めの動機

1.書店でみて（　　　　　　　　　　　） 2.案内書をみて
3.新聞広告（　　　　　　　　　　　） 4.インターネット（　　　　　　　）
5.書籍・新刊紹介（　　　　　　　　） 6.人にすすめられて
7.その他（　　　　　　　　　　　）

2. 本書に対するご感想（内容・装幀など）

3. どんな出版をご希望ですか（著者・企画・テーマなど）

■小社新刊案内（無料）を希望する　1. 郵送希望　2. メール希望

●文例4　遺産を自分が希望する団体などに寄付するケース

遺言書

遺言者　山田太郎は次の通り遺言する。

1．遺言者は、遺言者の有する全ての財産を換価し、売却に必要となった費用、遺言執行費用、税金、不動産登記費用及び遺言者の有する負債等を控除したうえで、その残額を下記の者に遺贈する。

東京都港区〇〇一丁目１番１号
公益財団法人　日本さわやか福祉協会

2．遺言者はこの遺言の遺言執行者として下記の者を指定する。
東京都杉並区〇〇一丁目１番１号
司法書士　　〇〇〇〇
昭和〇〇年〇月〇日生

～中略～

令和〇年〇月〇日
東京都千代田区〇〇一丁目１番１号
遺言者　山田太郎　　　㊞

6

文例5　子の認知を行うケース

遺言書では子の認知を行うことができます。自分の生前では、事情により認知を行うことができなかったが、なんとか遺産を相続できるようにしてあげたいという気持ちをお持ちの人もいるでしょう。遺言書による認知では、遺言執行者がその就任の日から10日以内に、認知に関する遺言書の謄本を添附して、その届出をしなければならないとされているので、遺言執行者を指定しておくとよいでしょう。

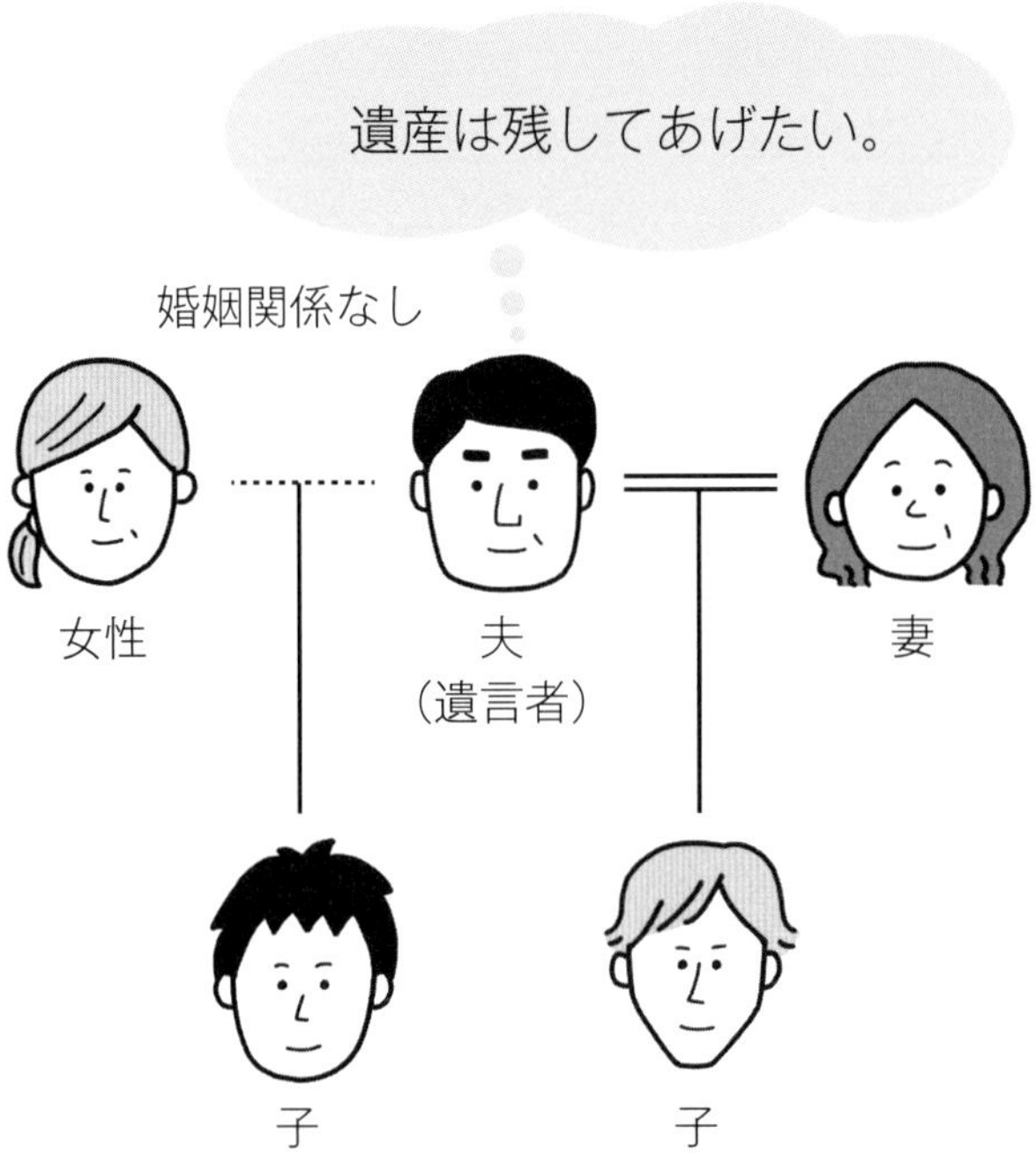

●文例5　子の認知を行うケース

遺言書

遺言者　山田太郎は次の通り遺言する。

1．遺言者は、遺言者と鈴木幸子（住所　東京都港区○○一丁目１番１号、昭和○年○月○日生）との間に生まれた子である鈴木卓郎を認知する。
氏名：鈴木卓郎
本籍：東京都港区○○一丁目１番１号
住所・東京都港区○○一丁目１番１号
戸籍筆頭者：鈴木幸子
生年月日：平成○年○月○日生

2．遺言者は、遺言者の有する全ての財産につき、相続人の相続分を次の通り指定する。※1
妻　山田花子　４分の３
長男　山田一郎　８分の１
認知による子　鈴木卓郎　８分の１

3．遺言者はこの遺言の遺言執行者として下記の者を指定する。
東京都杉並区○○一丁目１番１号
司法書士　　○○○○
昭和○○年○月○日生

※1　他に子がいることを知らなかった相続人からすると、突然の認知に戸惑うことも考えられます。心情に配慮して相続分を調整するなどの工夫をすることも考えられます。

～中略～

令和○年○月○日
東京都千代田区○○一丁目１番１号
遺言者　山田太郎　　㊞

7

文例6　相続人を廃除するケース

遺留分を有する推定相続人に、被相続人を虐待するなどの著しい非行があった場合には、被相続人は、その推定相続人の廃除を家庭裁判所に請求することができます。

生前に廃除の請求を行うと、虐待がエスカレートする可能性もあるため、廃除の請求は遺言書により行うこともできます。その場合、遺言執行者は、遺言書の効力が発生してから遅滞なく廃除の請求を家庭裁判所に行うことになります。簡単な手続ではないため、司法書士などの専門家を遺言執行者にしておくことが望ましいでしょう。

●文例6　相続人を廃除するケース

遺言書

遺言者　山田太郎は次の通り遺言する。

1．遺言者は、長男の山田一郎を遺言者の相続から廃除する。山田一郎は、遺言者を虐待し、一向に改めることもなかったためである。よって、民法892条、893条の定めに基づき、同人を相続から廃除する。

2．遺言者はこの遺言の遺言執行者として下記の者を指定する。
東京都杉並区○○一丁目1番1号
司法書士　　○○○○
昭和○○年○月○日生

令和○年○月○日
東京都千代田区○○一丁目1番1号
遺言者　山田太郎　　　㊞

第4章

遺言書保管制度の基本

本章では、遺言書保管の申請方法を流れに沿って解説しています。保管制度を利用する場合は遺言書の様式に定めがありますので、事前に確認しましょう！

1 遺言書保管制度の基礎知識

① 自筆証書遺言書保管制度の特徴

自筆証書遺言は自身で比較的簡単に作成することができるものの、形式面で無効になる可能性や紛失、偽造、改ざんのおそれなどがありました。そこで、デメリットをカバーすべく自筆証書遺言書保管制度が創設されました。この制度の主な特徴は、次の通りです。

(1) 法務局で保管してもらえる

法務局では保管された遺言書の原本とデータを長期間適正に管理します。これにより、紛失や改ざんのリスクを避けることができます。

(2) 遺言書の形式面をチェックしてもらえる

自筆証書遺言の要件である、全文が自書されているか、日付の記載や押印がされているかなど、形式的な確認を法務局の職員が行います。これにより、遺言書が形式面の観点で無効になるリスクをおさえることができます。

なお、遺言書の内容は確認されませんので、遺言書が有効であることが保証されるわけでないことには注意が必要です。

(3) 家庭裁判所での検認が不要

保管制度を利用すると、「検認」の手続が不要となります。20ページで述べた通り、自筆証書遺言を使用して相続手続を進めるには、家庭裁判所において「検認」を受ける必要があります。

検認の手続をする場合、相続人を確定させるために遺言者の出生から死亡までの戸籍謄本などを家庭裁判所に提出します。検認手続では遺言書が有効かどうかの判断はされないため、検認が終了し、相続手続を開始した際に、遺言書の内容に不備があり、無効となってしまうケースも考えられます。

検認の手続をすることなく、相続手続が開始できるということは、大きなメリットだといえるでしょう。

② 遺言書保管の申請の流れ

遺言書保管の申請は次のような流れで進めていきます。本章では、実際の遺言書保管の申請について詳しく説明していきます。

1 自筆証書遺言を作成する
⬇
2 保管申請書を作成する
⬇
3 添付書類を準備する
⬇
4 保管申請の予約をする
⬇
5 法務局で保管を申請する
⬇
6 保管証を受け取る

2 保管される遺言書の様式

1 用紙

自筆証書遺言の用紙には原則として指定はありませんが、保管制度を利用する際は、Ａ４サイズの紙で、文字が明瞭に判読できるものとされています。また、便せんのような罫線や模様がある紙であっても、文字がはっきりと見えるものであれば問題ありません。

しかし、法務局に長期間保存されるという点を考えると、簡単に破れそうな紙を使用するのは避けたほうがよいでしょう。心配な人は、耐久性にすぐれた用紙なども販売されていますので、利用を検討してみてください。

2 文字の記載

用紙は縦置きでも横置きでも差し支えありません。また、文字を記載する方向についても縦書きでも横書きでも問題ありません。なお、遺言書以外の申請書関係の書類については、用紙は縦置きのうえ、文章は横書きで作成することになります。その点を踏まえると、遺言書も縦置き、横書きで作成することが望ましいといえます。また、用紙は片面のみを使用し、裏側にはなにも記載しません。

3 余白部分

Ａ４サイズの用紙には余白部分を設けるように規定されています。左側はとじ代として使用するため、

20ミリメートル以上余白が必要になります。また、上と右側は5ミリメートル以上、下側は10ミリメートル以上の余白が必要とされています。ページ数の表記であっても余白には記載できない点には注意が必要です。

④ ページ番号の記載

遺言書の抜け落ちをなくすため、ページ番号を記載しましょう。全体の枚数がわかるような表記がよいでしょう。例えば、全体の枚数が4枚の場合は「1／4、2／4…」か「4―1、4―2…」と記載します。

⑤ ホッチキス留めをしない

遺言書が複数枚になった場合であっても、ホッチキスで留めずに提出します。法務局で保管の際にスキャンを取るためです。

⑥ 封筒に入れない

法務局の職員が形式などを確認できるようにするため、遺言書は封筒に入れずに提出しましょう。

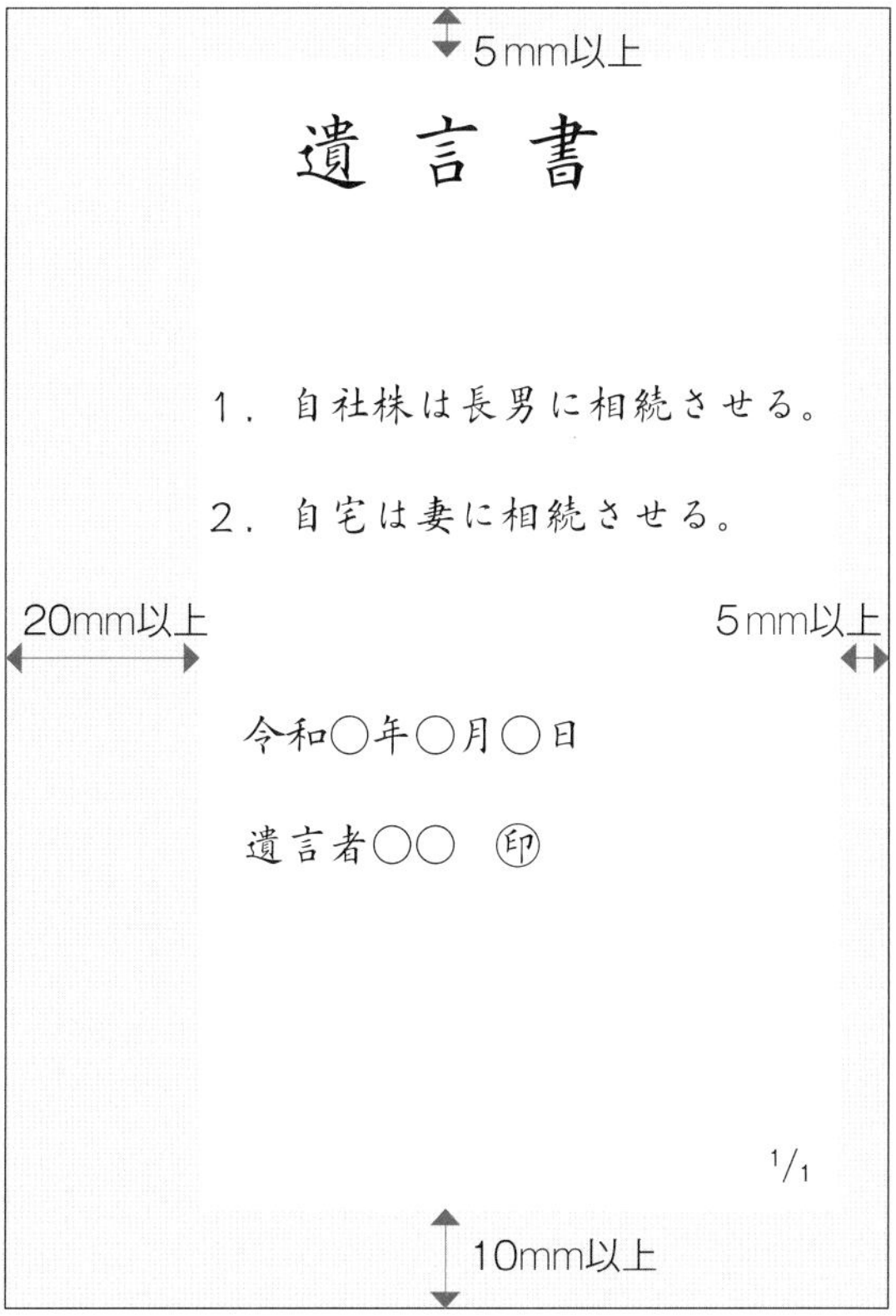

3 保管申請書を作成する

1 遺言書の保管申請書

遺言書の保管申請では、遺言書と遺言書の保管申請書をあわせて法務局に提出する必要があります。遺言書の保管申請書は法務省のホームページに掲載されているので、ダウンロードした後パソコン上で入力して作成することが可能です。また、手書きで記載しても問題ありません。

2 保管申請書の記載事項

申請書に記載する事項は以下のようなものがあります。

- ・遺言書に記載されている作成年月日
- ・遺言者の氏名（フリガナ）、出生年月日、住所と本籍
- ・筆頭者（戸籍の最初に記載されている人）の氏名
- ・遺言者の連絡先の電話番号
- ・受遺者の定めがある場合、その人の氏名、住所と出生年月日
- ・遺言執行者の定めがある場合、その人の氏名、住所と出生年月日

●保管申請書　1ページ

提出する法務局を記入します。

法務局に提出した日付を記載します。
数字は右詰めで記載し、1桁の場合でも「0」は不要です。

別記第２号様式（第１０条関係）

申請年月日　令和 3 年 7 月 1 日

遺言書保管所の名称	東京	（地方）法務局		支局・出張所

遺言書の保管申請書

【遺言者欄】※保管の申請をする遺言者の氏名，住所等を記入してください。また，該当する□にはレ印を記入してください。

遺言書の作成年月日	1　1：令和／2：平成／3：昭和　3 年 7 月 1 日
遺言者の氏名	姓　神田
	名　一郎
遺言者の氏名（フリガナ）	セイ　カンダ
	メイ　イチロウ
遺言者の出生年月日	3　1：令和／2：平成／3：昭和／4：大正／5：明治　46 年 11 月 28 日
遺言者の住所	〒 102 − 0074
	都道府県 市区町村 大字丁目　東京都千代田区九段南○丁目
	番地　○番○号
	建物名
遺言者の本籍	都道府県　東京都　市区町村　千代田区九段南
	大字丁目　○丁目
	番地　○番○号
筆頭者の氏名 （注）筆頭者が遺言者と異なる場合は，記入してください。	☑ 遺言者と同じ
	姓
	名
遺言者の国籍（国又は地域） （注）外国人の場合のみ記入してください。	コード　　国名・地域名
遺言者の電話番号 （注）ハイフン（−）は不要です。	0300000000

遺言書に記載されている作成年月日を記入します。

戸籍や住民票に記載されている表記の通りに記入します。
濁点・半濁点（「ダ」「パ」など）は同じマスに記入します。

戸籍や住民票に記載されている表記の通りに記入します。

電話番号のハイフンは不要です。

1001　　ページ数　1／5

●保管申請書　2ページ

遺言者の住所地ではなく、不動産の所在地の法務局に保管の申請をする場合にはチェックを入れます。

【遺言者本人の確認・記入等欄】※以下の事項について，全て確認の上，記入してください。また，該当する□にはレ印を記入してください。

☐ 遺言者が所有する不動産の所在地を管轄する遺言書保管所に保管の申請をする。
（注）不動産の所在地を記入してください。

都道府県 □□□□　市区町村 □□□□□□□□□□

大字丁目 □□□□□□□□□□□□□□□

番地 □□□□□□□□□□□□□□□

☑ 申請に係る遺言書は，私が作成した民法第９６８条の自筆証書による遺言書に相違ない。

☐ 現在，遺言書保管所に他の遺言書が保管されている。

① 他の遺言書が保管されている場合は，その保管番号を記入してください。
（注）複数ある場合には，備考欄に記入してください。

既に他の法務局に遺言書が保管されている場合はチェックを入れます。

管番号 H□□□□－□□□□□□□－□□□□□□□□－□□

上記①の遺言書が保管された後，氏名，出生年月日，住所，本籍（外国人にあっては，国籍（国又は地）又は筆頭者の氏名に変更があった場合は，その変更内容を記入してください。

更内容

☐ 上記①の保管番号の遺言書について，上記②の変更内容に基づく変更届出を行う。
（注）変更を証する書類を添付してください。

手数料の額　金３，９００円

遺言者の記名　神田一郎

遺言者が記名します（押印不要）。

備考欄

遺言書の総ページ数　2　ページ

1002

ページ数　2／5

●保管申請書　3~5ページ

受遺者や遺言執行者を指定している場合に記入します。

遺言者が死亡した際に指定した相続人などに対して、法務局からの通知を希望する場合に記入します。

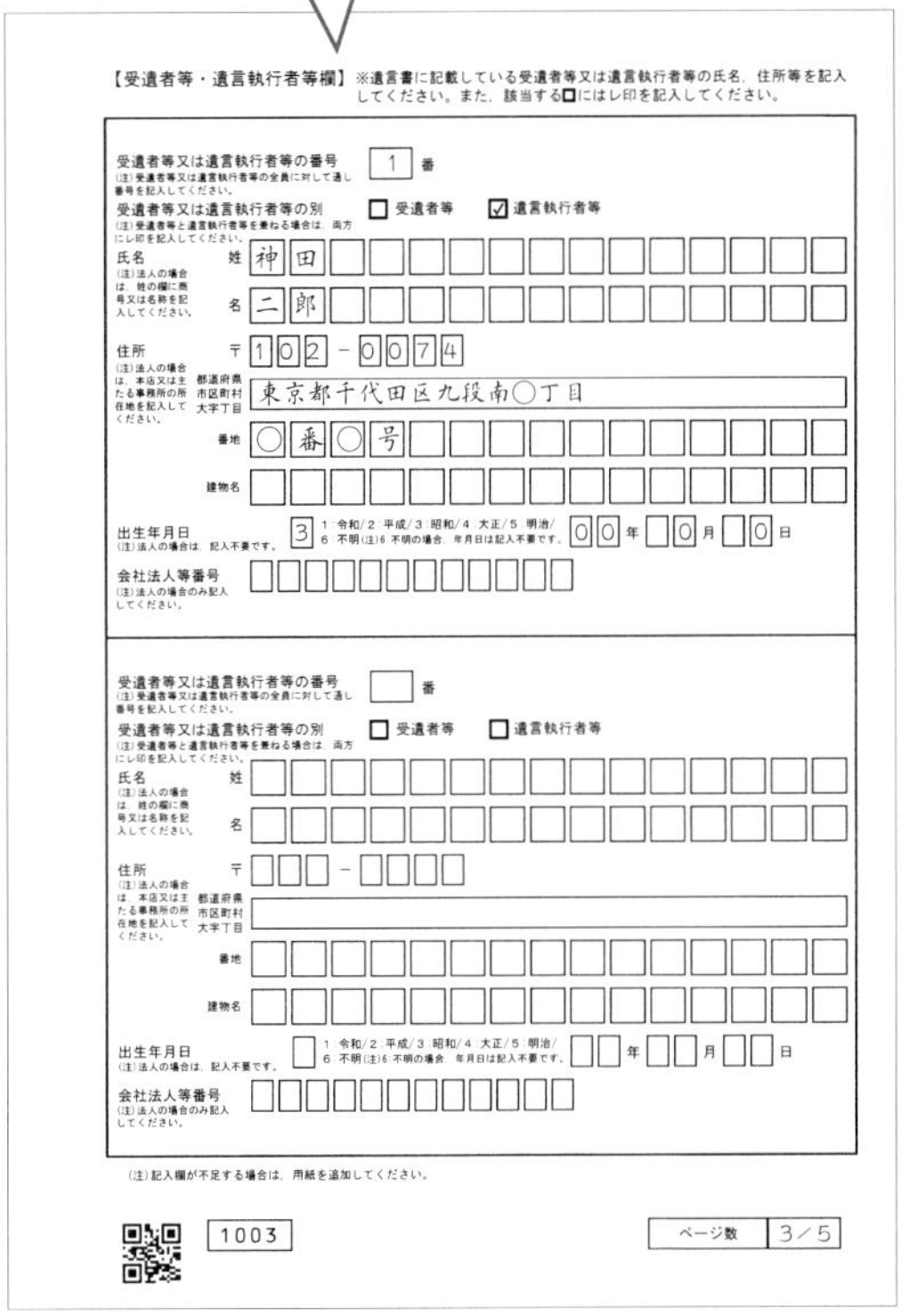

【受遺者等・遺言執行者等欄】※遺言書に記載している受遺者等又は遺言執行者等の氏名、住所等を記入してください。また、該当する□にはレ印を記入してください。

受遺者等又は遺言執行者等の番号　1 番
(注) 受遺者等又は遺言執行者等の全員に対して通し番号を記入してください。

受遺者等又は遺言執行者等の別　□ 受遺者等　☑ 遺言執行者等
(注) 受遺者等と遺言執行者等を兼ねる場合は、両方にレ印を記入してください。

氏名　姓 神田　名 二郎
(注) 法人の場合は、姓の欄に商号又は名称を記入してください。

住所　〒 102-0074
都道府県市区町村大字丁目 東京都千代田区九段南○丁目
番地 ○番○号
建物名
(注) 法人の場合は、本店又は主たる事務所の所在地を記入してください。

出生年月日　3　1:令和/2:平成/3:昭和/4:大正/5:明治/6:不明 (注)6:不明の場合、年月日は記入不要です。 00年 0月 0日
(注) 法人の場合は、記入不要です。

会社法人等番号
(注) 法人の場合のみ記入してください。

受遺者等又は遺言執行者等の番号　　番
受遺者等又は遺言執行者等の別　□ 受遺者等　□ 遺言執行者等
氏名　姓　名
住所　〒 -
都道府県市区町村大字丁目
番地
建物名
出生年月日　1:令和/2:平成/3:昭和/4:大正/5:明治/6:不明　年　月　日
会社法人等番号

(注) 記入欄が不足する場合は、用紙を追加してください。

1003　ページ数 3／5

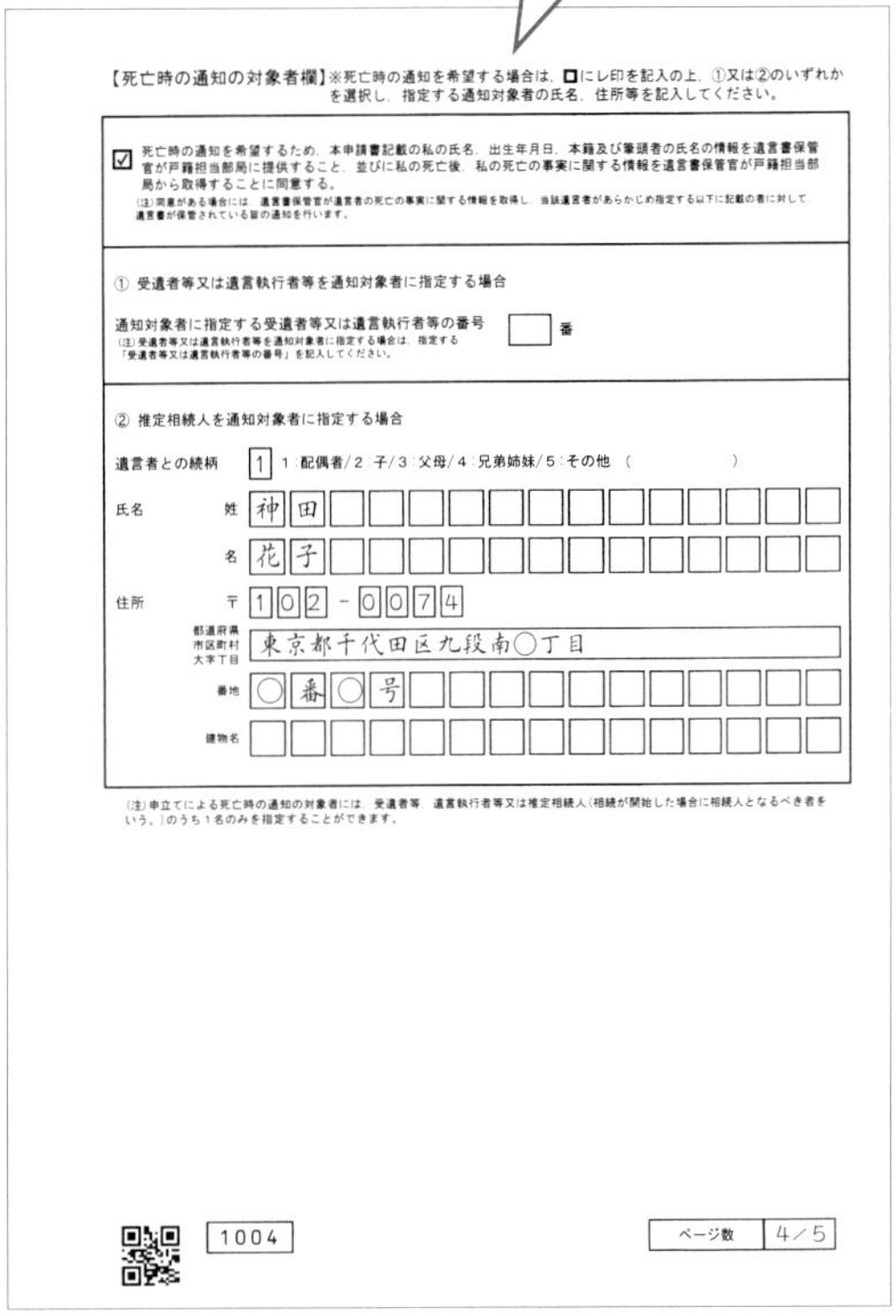

【死亡時の通知の対象者欄】※死亡時の通知を希望する場合は、□にレ印を記入の上、①又は②のいずれかを選択し、指定する通知対象者の氏名、住所等を記入してください。

☑ 死亡時の通知を希望するため、本申請書記載の私の氏名、出生年月日、本籍及び筆頭者の氏名の情報を遺言書保管官が戸籍担当部局に提供すること、並びに私の死亡後、私の死亡の事実に関する情報を遺言書保管官が戸籍担当部局から取得することに同意する。
(注) 同意がある場合には、遺言書保管官が遺言者の死亡の事実に関する情報を取得し、当該遺言者があらかじめ指定する以下に記載の者に対して遺言書が保管されている旨の通知を行います。

① 受遺者等又は遺言執行者等を通知対象者に指定する場合
通知対象者に指定する受遺者等又は遺言執行者等の番号　　番
(注) 受遺者等又は遺言執行者等を通知対象者に指定する場合は、指定する「受遺者等又は遺言執行者等の番号」を記入してください。

② 推定相続人を通知対象者に指定する場合
遺言者との続柄　1　1:配偶者/2:子/3:父母/4:兄弟姉妹/5:その他（　　）
氏名　姓 神田　名 花子
住所　〒 102-0074
都道府県市区町村大字丁目 東京都千代田区九段南○丁目
番地 ○番○号
建物名

(注) 申立てによる死亡時の通知の対象者には、受遺者等、遺言執行者等又は推定相続人(相続が開始した場合に相続人となるべき者をいう。)のうち1名のみを指定することができます。

1004　ページ数 4／5

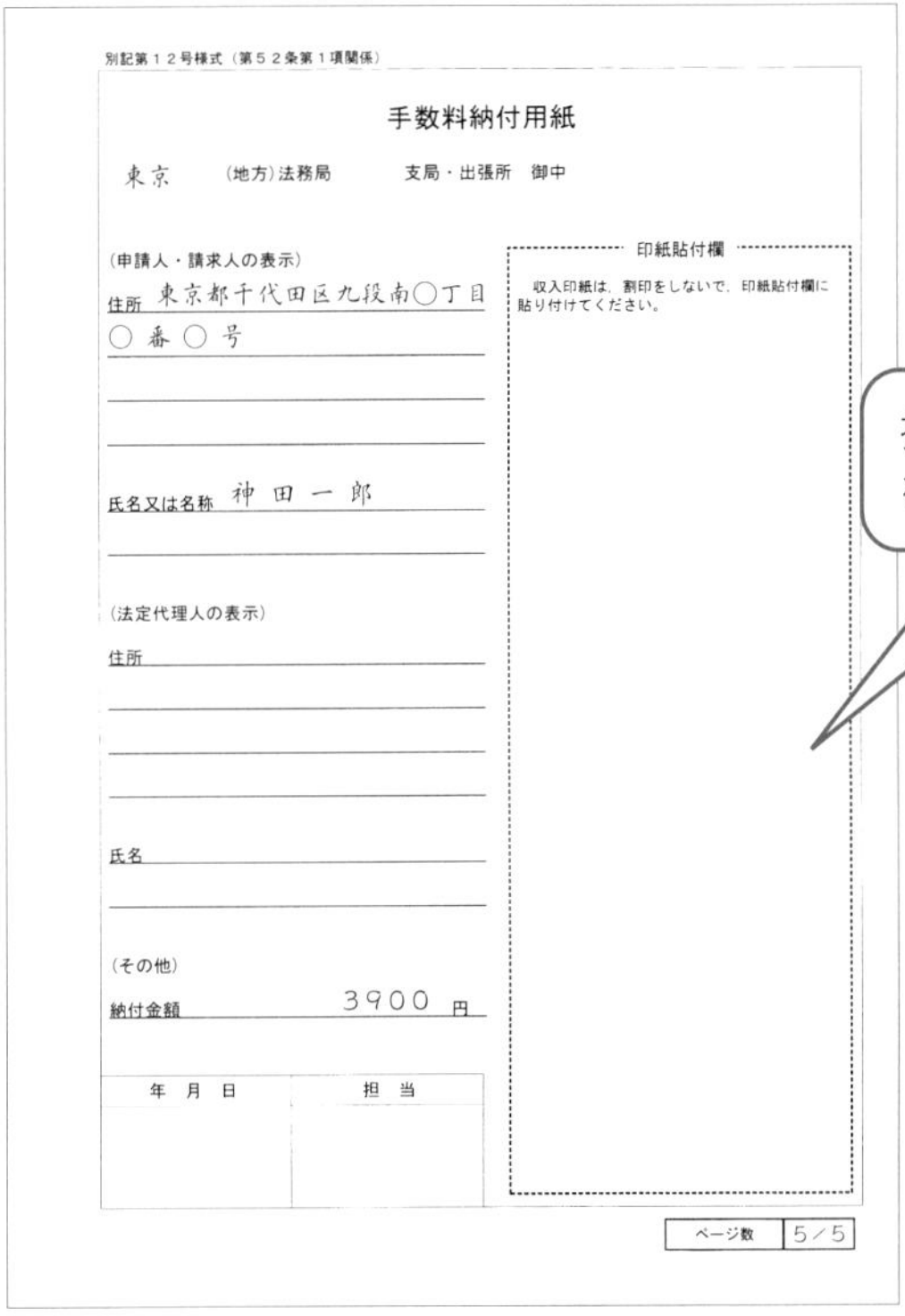

別記第12号様式（第52条第1項関係）

手数料納付用紙

東京　（地方）法務局　支局・出張所　御中

（申請人・請求人の表示）
住所　東京都千代田区九段南○丁目
○番○号

氏名又は名称　神田一郎

（法定代理人の表示）
住所

氏名

（その他）
納付金額　3900 円

年　月　日	担　当

印紙貼付欄
収入印紙は、割印をしないで、印紙貼付欄に貼り付けてください。

ページ数 5／5

指定された金額の収入印紙を貼付します。

4 添付書類を準備する

遺言書の保管申請の際には、申請書に加えて添付書類も提出することが必要とされています。次の書類のうちどちらかを用意します。

(1)遺言者の住民票の写し(本籍地と戸籍筆頭者が明記されているもの)
(2)遺言者の戸籍謄本と戸籍の附票

一般的に(1)の住民票の写しのほうが取得が容易であるため、住民票の写しを用意するほうがよいでしょう。また、(1)、(2)いずれの書類についても、作成後3か月以内のものが必要になります。

なお、遺言書が外国語で作成されている場合には、別途日本語による翻訳文を添付します。翻訳文については、翻訳者の押印などは特段必要ありません。

また、申請書に添付した書類は、「原本還付」を受けることができます。原本還付とは、提出した書類の原本を返却してもらう手続のことをいいます。

例えば、住民票の写しを返却してもらうためには、住民票の写しの原本とともに原本のコピーを提出します。そうすることによって、住民票の写しの原本を返却してもらうことが可能です。なお、提出する住民票の写しのコピーには、「原本と相違ない」という文言を記載します。

5 保管申請の予約をする

① 遺言書保管制度取扱いの法務局

遺言書保管制度は、法務局（遺言書保管所）で申請の手続をします。申請ができる法務局は遺言者の住所などによって定められており、全国どこの法務局であっても手続ができるというわけではないことに注意が必要です。具体的には以下の中から決定します。

- 遺言者の住所地の法務局
- 遺言者の本籍地の法務局
- 遺言者が所有する不動産の所在地の法務局

例えば、遺言者の住所地が東京都千代田区の場合で、本籍地が埼玉県さいたま市であり、さらに神奈川県横浜市に不動産を所有していた場合には、東京都千代田区を管轄する東京法務局（本局）か、埼玉県さいたま市を管轄するさいたま地方法務局（本局）、または神奈川県横浜市を管轄する横浜地方法務局（本局）のいずれかを選択することができます。必ずしも住所地から一番近くの法務局が取扱いの法務局になるとは限りませんので、注意が必要です。

もし取扱いの異なる法務局に申請してしまった場合は、申請自体を受け付けてもらえないため、不明な場合は事前に電話などで法務局に確認しましょう。

②　手続には予約が必要

遺言書保管制度を利用する際には、管轄の法務局に対して、事前の予約が必要となります。予約が可能な期間は30日先までです。予約の方法として次のものがあります。

（1）法務局手続案内予約サービス

インターネットを使って予約します。24時間365日受付が可能です。専用のウェブサイトから管轄の法務局を選択して、予約することができます。

（2）法務局への電話

手続を行う法務局に対して、直接電話をして予約します。受付時間は平日の8時30分から17時15分までです。

（3）法務局窓口による予約

手続を行う法務局に対して、直接窓口で予約します。こちらも同様に受付時間が平日の8時30分から17時15分までとなります。

（1）の「法務局手続案内予約サービス」のウェブサイトは、予約の空き状況も確認しやすく、おすすめです。

6 法務局で保管の申請をする

1 遺言者本人が法務局に出向く必要がある

保管の申請には、遺言者本人が法務局に出向く必要があります。当日の申請を他の人に任せることはできません。また、法務局においては遺言者の本人確認が行われます。運転免許証やマイナンバーカードなど、本人確認書類を持参しましょう。

2 手数料がかかる

遺言書の保管申請にかかる手数料は３９００円です。この手数料は収入印紙で納める必要があり、「手数料納付用紙」に貼って納付します。収入印紙は、郵便局や法務局で購入することができます。

3 必要な書類

当日法務局に持参する書類は次の通りです。

遺言書／保管申請書／添付書類／顔写真付きの本人確認書類／手数料（収入印紙３９００円）

4 遺言書はあらかじめコピーをとっておく

申請の際は、必ず遺言書のコピーを取るようにしてください。遺言書提出後に、法務局から、内容が確認できるものを交付してくれることはありません。そのため、保管されている遺言書の内容を確認するためには、別途閲覧の請求手続をする必要があります。手元に遺言書の内容を確認できるものがなければ、相続対策を行いにくいため、注意が必要です。

7 保管証を受け取る

保管申請の手続が終了すると、保管証が交付されます。保管証には次のような内容が記載されています。

- 遺言者の氏名と出生年月日
- 遺言書が保管されている法務局の名称
- 遺言書保管番号

他にも保管証にはバーコードと二次元コードが記載されます。これにより、遺言書の閲覧や、申請の撤回、内容の変更の届出などをする場合や、相続人などが遺言書情報証明書の交付の請求などをする場合に、容易に検索することができます。

また、遺言者が遺言書を保管してある旨を相続人などに伝える場合であっても、保管証を利用することで、遺言書の内容を伝えることなく、保管していることのみを伝えられます。

なお、保管証については、紛失した場合でも再発行ができないため、紛失しないように注意が必要です。

●保管証のサンプル

保管証

遺言者の氏名	神田　一郎
遺言者の出生の年月日	昭和○年○月○日
遺言書が保管されている遺言書保管所の名称	○○法務局
保管番号	H0101-202007-100

上記の遺言者の申請に係る遺言書の保管を開始しました。

令和○年○月○日
○○法務局

遺言書保管官
○○　○○

第5章

遺言書保管後にできること

本章では、遺言書の保管後にできることをまとめています。保管後に変更したい事項がある場合の手続や、遺言者の死後に必要となる手続についてみていきましょう！

1 遺言者本人による遺言書の閲覧

遺言者は保管されている遺言書について、内容を確認するため、閲覧を請求することができます。この閲覧の請求ができるのは、遺言者の生存中は、遺言者本人のみに限られています。遺言者以外の人は、遺言者の生前においてはこの閲覧の請求も含めて、その他遺言書の情報を取得することができません。

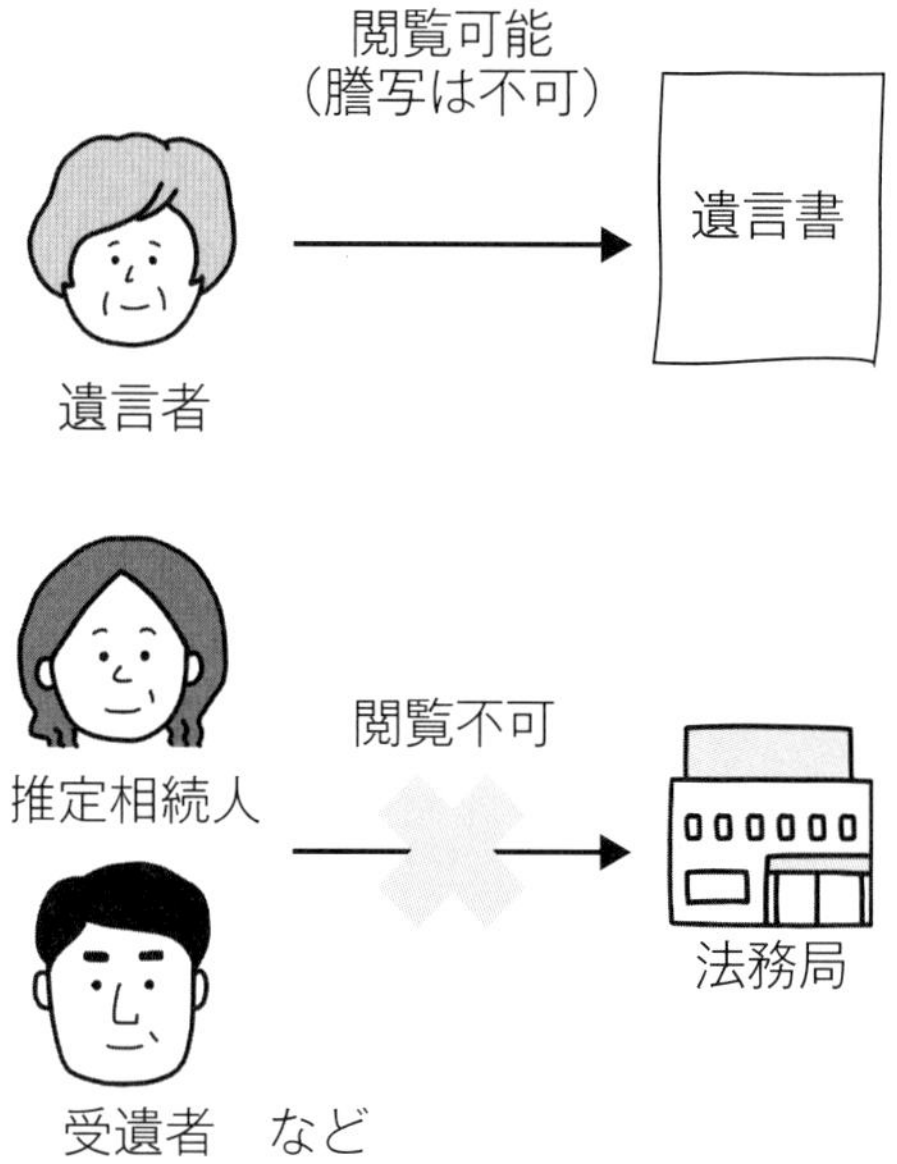

遺言書の閲覧請求の流れは、次の通りです。

遺言書の閲覧の請求
① 閲覧の請求をする法務局を決める
② 請求書を作成する
③ 必要書類を用意する
④ 閲覧請求の予約をする
⑤ 法務局にて閲覧する

1 閲覧の請求をする法務局を決める

閲覧の方法には、モニターにより遺言書の画像データを確認する方法と、遺言書の原本を確認する方法があります。データでの確認は、全国どこの法務局でも可能ですが、遺言書の原本を確認する場合は、遺言書の原本が保管されている法務局でのみ閲覧を請求することができます。

2 請求書を作成する

遺言書の閲覧請求書には次の事項を記載します。

・請求者（遺言者）の氏名、出生年月日、住所と本籍、連絡先の電話番号
・遺言書が保管されている法務局の名称
・遺言書の保管番号

3 必要書類を用意する

遺言書を閲覧する際は、閲覧の請求書と顔写真付きの本人確認書類が必要です。保管の申請時と異なり、住民票の写しなどの添付書類は必要ありません。

4 閲覧請求の予約をする

保管申請時と同様に、ウェブサイトや電話で事前に予約します（84ページ参照）。

5 法務局にて閲覧する

遺言書の閲覧は、法務局の職員（遺言書保管官）の面前で行います。なお、閲覧の際には、コピー機の使用は認められていませんが、写真撮影をすることは差し支えありません。

2 遺言書の保管申請の撤回

遺言者は、遺言書の保管の撤回書を提出することで、遺言書の保管申請を撤回することができます。保管申請を撤回すると、預けていた遺言書の返還を受けることができます。

遺言書保管申請の撤回の流れは、次の通りです。

遺言書保管申請の撤回
①　遺言書の保管申請の撤回書を作成する
②　遺言書の保管申請の撤回の予約をする
③　撤回して遺言書の返却を受ける

なお、この遺言書保管申請の撤回はあくまで遺言書の保管を取りやめるという手続であり、遺言書自体の撤回ということではありませんので、注意が必要です。保管の申請を撤回した遺言書も、遺言書として無効になったわけではありません。遺言書を撤回して、遺言書の効力を失わせたい場合には、別途新たに遺言書を作成するなどの手続が必要です。

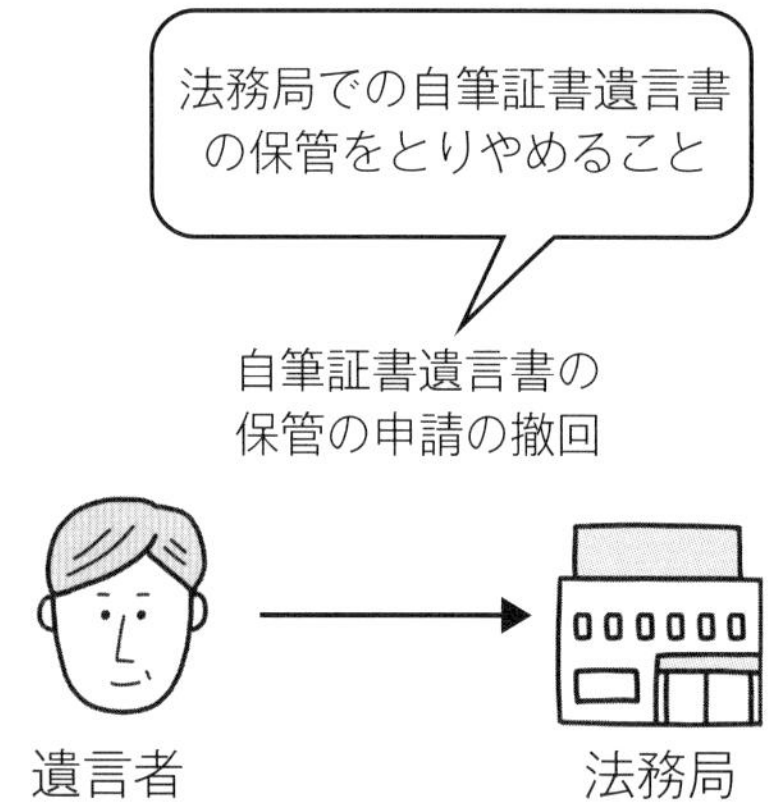

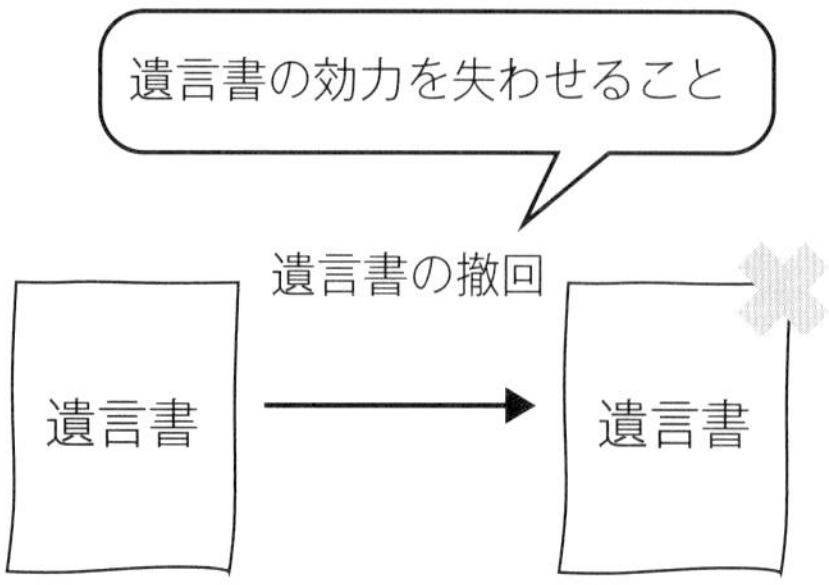

1 遺言書の保管申請の撤回書を作成する

遺言書の保管の申請の撤回書には次の事項を記載します。

- ・撤回をする者（遺言者）の氏名、出生年月日、住所と本籍、連絡先の電話番号
- ・遺言書が保管されている法務局の名称
- ・遺言書の保管番号

なお、遺言書の保管の申請の撤回においては、手数料を納める必要はありません。

2 遺言書の保管申請の撤回の予約をする

保管の申請時と同様にウェブサイトや電話で事前に予約をします（84ページ参照）。

3 撤回をして遺言書の返却を受ける

撤回書を法務局に提出することにより、遺言書の返却を受けることができます。なお、添付書類については基本的に不要ですが、遺言書の保管の申請後に遺言者の氏名・住所などに変更がある場合には、変更が生じたことを証する書面（住民票の写し、戸籍謄本など）を提出する必要があります。

3 遺言者による住所などの変更の届出

遺言者は保管の申請の後に住所や氏名などに変更があった場合は、法務局にその旨を届け出る必要があります。変更を届け出る必要がある事項は次のものがあります。

- ・遺言者の氏名、出生年月日、住所と本籍
- ・受遺者の氏名と住所
- ・遺言執行者の氏名と住所

なお、変更の届出については、遺言者が直接法務局に出向く必要はなく、郵送での手続が可能です。また、遺言者の法定代理人（親権者、後見人など）が届出をすることも認められています。

さらに、変更の届出をする法務局については、遺言書が保管されている法務局に限らずに、全国どこの法務局であっても届出をすることができます。

遺言者の変更の届出
① 遺言者の変更の届出書を作成する
② 必要書類を用意する
③ 遺言者の変更の届出の予約をする
④ 遺言者の変更の届出をする

1 遺言者の変更の届出書を作成する

変更届出書には次の事項を記載します。

・届出人（遺言者）の氏名、出生年月日、住所と本籍、連絡先の電話番号
・遺言書が保管されている法務局の名称
・遺言書の保管番号
・変更内容（対象者、変更する内容、氏名、変更年月日、変更前と変更後の内容）

なお、変更の届出においては、手数料を納める必要はありません。

2 必要書類を用意する

変更の届出をする場合は、変更届出書に加えて変更が生じた事項を証する書面と届出人の顔写真付きの本人確認書類が必要となります。

変更が生じた事項を証する書面とは、主に住民票の写しや戸籍謄本のことを指します。

また、法定代理人が届出をする場合には、法定代理人を証する書面として、作成後3か月以内の戸籍謄本や、後見人の登記事項証明書などが必要になります。

3 遺言者の変更の届出の予約をする

保管の申請時と同様にウェブサイトや電話を使って事前に予約をします（84ページ参照）。

4 遺言者の変更の届出をする

変更届出書と添付書面を法務局に提出または送付します。

4 遺言書保管事実証明書の交付

遺言者が死亡した場合に、遺言者が生前に遺言書を法務局に保管していたことを知っていたときや、思い当たる節があるとき、または保管されているかどうかはわからないが調査をしたいときなどは、相続人などは法務局に遺言書が保管されているか確認をすることができます。

遺言書保管事実証明書の交付の手続は、遺言者が死亡していれば、誰でも請求することができます。ただし、遺言書の内容に関わる人以外からの請求に対しては、「請求した人に関する遺言書は保管されていない」という証明書が交付されることになります。よって、一般的には遺言者の相続人や、遺言執行者などから請求することになります。

なお、遺言書保管事実証明書の交付については、請求者が直接出頭する必要はなく郵送でも可能です。

また、請求者の法定代理人（親権者、後見人など）が届出をすることも認められています。

さらに、請求をする法務局については、全国どこの法務局であっても請求をすることができます。

遺言書保管事実証明書の交付
① 遺言書保管事実証明書の交付請求書を作成する
② 必要書類を用意する
③ 遺言書保管事実証明書の交付の予約をする
④ 遺言書保管事実証明書の交付を受ける

1 遺言書保管事実証明書の交付請求書を作成する

交付請求書には次の事項を記載します。

・請求者の資格（相続人であるか否か）
・請求者の氏名、住所と出生年月日
・請求者の連絡先の電話番号
・遺言者の氏名、出生年月日、住所と本籍
・遺言者の死亡年月日
・遺言書が保管されている法務局の名称
・遺言書の保管番号

2 必要書類を用意する

遺言書保管事実証明書を請求する際の必要書類は次の通りです。

・遺言者が死亡したことがわかる戸籍謄本（除籍謄本）
・請求者の住民票の写し
・遺言者の相続人であることがわかる戸籍謄本
・請求者の顔写真付きの本人確認書類
・法定代理人によって請求する場合は、法定代理人であることを証する作成後3か月以内の戸籍謄本など

3 遺言書保管事実証明書の交付の予約をする

保管の申請時と同様にウェブサイトや電話を使って事前に予約をします（84ページ参照）。

4 遺言書保管事実証明書の交付を受ける

法務局に遺言書が保管されているかの有無、また、保管されている場合には、遺言書の作成年月日や遺言書が保管されている法務局など遺言書保管ファイルに記録されている一定の事項を証明した遺言書保管事実証明書の交付を受けることができます。

5 遺言書情報証明書の交付

遺言書保管事実証明書によって、法務局に遺言書が保管されていることが判明した後は、遺言書情報証明書を請求することで、遺言書の内容を確認することができます。遺言書情報証明書には、遺言書の画像情報や、遺言者の氏名、出生年月日、住所と本籍などが記載されます。この遺言書情報証明書によって、金融機関の解約手続や不動産の名義変更の登記などを行うことが可能になります。

遺言書情報証明書の請求ができる人は、相続人や遺言執行者などのその遺言書に関係がある人に限られています。

なお、遺言書情報証明書の交付については、請求者が直接出頭する必要はなく郵送でも可能です。また、請求者の法定代理人(親権者、後見人など)が届出をすることも認められています。

さらに、請求をする法務局については、遺言書が保管されている法務局に限らずに、全国どこの法務局であっても請求をすることができます。

遺言書情報証明書の交付
① 遺言書情報証明書の交付請求書を作成する
② 必要書類を用意する
③ 遺言書情報証明書の交付の予約をする
④ 遺言書情報証明書の交付を受ける

1 遺言書情報証明書の交付請求書を作成する

交付請求書には次の事項を記載します。

・請求者の資格（相続人であるか否か）
・請求者の氏名、住所と出生年月日
・請求者の連絡先の電話番号
・遺言者の氏名、出生年月日、住所と本籍
・遺言者の死亡年月日
・遺言書が保管されている法務局の名称
・遺言書の保管番号
・相続人全員の氏名、住所と出生年月日

2 必要書類を用意する

遺言書情報証明書を請求する際の必要書類は次の通りです。

・遺言者の相続人がわかる戸籍謄本一式（遺言者の出生から死亡までの戸籍謄本、相続人の戸籍謄本または抄本など）
・相続人全員の作成後3か月以内の住民票の写し
※法定相続情報一覧図の写しがある場合は戸籍謄本一式及び住民票の写しは省略することができます（一覧図に相続人の住所の記載がある場合）。
・請求者の顔写真付きの本人確認書類
・法定代理人によって請求する場合は、法定代理人であることを証する作成後3か月以内の戸籍謄本など

状況により別途書類が必要となる場合があります。

3 遺言書情報証明書の交付の予約をする

保管の申請時と同様にウェブサイトや電話を使って事前に予約をします（84ページ参照）。

4 遺言書情報証明書の交付を受ける

遺言者の氏名や生年月日などに加えて、遺言書の内容を示した画像情報が記録された遺言書情報証明書の交付を受けます。この遺言書情報証明書を使用して、預貯金の解約手続や不動産の名義変更などの手続を行うことができます。

6 相続人などによる遺言書の閲覧

相続人などは遺言書の原本を確認したいときに、遺言書原本の閲覧を請求することができます。この閲覧を請求できるのは、遺言者の死後に限ります。また、遺言書が保管されている法務局に対して請求する必要があり、他の法務局に対しては請求することはできません。

一方、遺言書の原本ではなく、モニターにより遺言書の画像データを閲覧することも可能です。この場合は、どこの法務局に対しても閲覧を請求することができます。

相続人などによる遺言書の閲覧請求
① 遺言書の閲覧の請求書を作成する
② 必要書類を用意する
③ 遺言書の閲覧の請求の予約をする
④ 遺言書の閲覧をする

1 遺言書の閲覧の請求書を作成する

閲覧の請求書の記載事項については、遺言書情報証明書の交付申請書の記載内容と同様です（97ページ参照）。

2 必要書類を用意する

必要書類についても、遺言書情報証明書の必要書類と同様です（97ページ参照）。

3 遺言書の閲覧の請求の予約をする

保管の申請時と同様にウェブサイトや電話を使って事前に予約をします（84ページ参照）。

4 遺言書の閲覧をする

法務局の職員の面前において、遺言書の閲覧をします。

＊　＊　＊

なお、保管申請時に遺言者が提出した申請書や撤回書を確認したい場合、申請書などの閲覧を請求することも可能です。

ただし、通常、保管申請時の申請書を確認する必要はないと考えられるため、申請書などの閲覧請求をするには、「特別の事由」が必要になります。

特別の事由とは、例えば、なりすましによって遺言書の保管申請がされているおそれがある場合や、添付書類が偽造されたものである可能性がある場合などがあげられます。

7 相続人などに対する通知

1 2つの通知方法

(1) 関係遺言書保管通知

相続人などが遺言者の死亡後に遺言書情報証明書の交付を受けた場合(96ページ参照)や、遺言書の閲覧をした場合(98ページ参照)には、他の相続人などに対して、法務局から郵便などによって法務局にて遺言書が保管されている旨が通知されます。

これにより全ての相続人が法務局に遺言書が保管されていることを知ることになります。

(2) 死亡時通知

遺言者が死亡した場合に、遺言書が保管されている旨を通知する制度です。戸籍担当部局と連携して法務局の職員が死亡の事実を知った際に遺言者があらかじめ指定した1名に対して通知されます。この制度は遺言者があらかじめ通知を希望している場合に限り実施されます。手続は遺言書の保管申請時に、同意事項に同意し、死亡時通知の対象者1名を指定します。

2 通知される内容

関係遺言書保管通知でも死亡時通知でも通知される内容は同様です。次の4点が通知されます。

- 遺言者の氏名
- 遺言者の出生年月日
- 遺言書が保管されている法務局の名称
- 保管番号

3 通知を受け取った場合

通知だけでは、遺言書の内容はわかりません。通知を受け取った相続人などは最寄りの法務局にて遺言書情報証明書の交付や閲覧の請求を行うことにより、遺言書の内容を知ることができます。

4 通知を相続人などに確実に届けるために

通知を相続人などに確実に届けるためには、遺言書保管の申請時に、通知を受け取る人の正確な情報を記載することが必要となります。可能であれば、住民票の記載事項などを確認して、正確な表記で記載しましょう。

また、保管の申請後に通知を受ける人の住所や氏名などに変更があった場合には、変更を届け出ることが大切です。

●関係遺言書保管通知のサンプル

遺言書の保管に関する通知

下記の遺言者の申請に係る遺言書を保管している旨を通知します。

遺言者の氏名	神田　一郎
遺言者の出生の年月日	昭和○年○月○日
遺言書が保管されている遺言書保管所の名称	○○法務局
保管番号	H0101-202007-100

【注意事項】

1　本通知は，法務局における遺言書の保管等に関する法律（平成30年法律第73号）第９条第５項等の規定により，遺言者の相続人並びに遺言書に記載された受遺者等（遺言書に記載された同法第９条第１項第２号に掲げる者）及び遺言執行者等（遺言書に記載された同項第３号に掲げる者）に宛てて行うものです。

2　あなたは，上記遺言書について，その閲覧又は遺言書情報証明書（遺言書の内容を確認することができる書面）の交付の請求をすることができます。必要な書類等の詳細については，法務省HP（http://www.moj.go.jp/MINJI/minji03_00051.html）を御覧ください。なお，本通知は，遺言書の閲覧又は遺言書情報証明書の交付の請求をするために利用する書類です。

3　遺言書の閲覧又は遺言書情報証明書の交付の請求には，あらかじめ遺言書保管所（法務局）に手続のための日時を予約していただくことが必要です。

令和○年○月○日
○○法務局

遺言書保管官
○○　○○

みほん
電子
公印

コラム　遺言書保管制度の手数料と保管期間

1　遺言書保管制度の手数料

手数料は収入印紙によって納めます。収入印紙は郵便局や法務局で購入することができます。手続ごとの手数料の金額は、次の通りです。

手続の種類	申請者・請求者	手数料
遺言書の保管の申請	遺言者	3,900円
遺言書の閲覧の請求（モニター）	遺言者・関係相続人など	1,400円
遺言書の閲覧の請求（原本）	遺言者・関係相続人など	1,700円
遺言書保管事実証明書の交付請求	関係相続人など	800円
遺言書情報証明書の交付請求	関係相続人など	1,400円
申請書、撤回書などの閲覧の請求	遺言者・関係相続人など	1,700円

※手数料は、１件または１通あたりの金額です。

※なお、遺言書の保管申請の撤回・遺言者の変更事項の届出については、手数料は発生しません。

2　遺言書の保管期間

法務局にて保管されている遺言書には、保管期間が定められています。保管期間については、遺言書原本と遺言書保管ファイルとで異なります。

遺言書の原本については、遺言者の死亡の日から50年経過すると、法務局はその遺言書を廃棄することができます。

また、遺言書保管ファイルについては、遺言者の死亡の日から150年経過すると、法務局はその情報を消去することができます。

いずれによっても、保管期間経過後に必ず廃棄するといった規定ではありませんので、法務局に残されている場合もあるといえます。

用語集

●遺言執行者（いごんしっこうしゃ）
遺言書の内容を実現するために必要な手続をする者。具体的には、相続財産の調査や遺言書の内容に沿って、預貯金の解約や振込をしたり、不動産の名義変更の手続をしたりする。

●遺産分割協議（いさんぶんかつきょうぎ）
相続があったときに、*被相続人の財産について、どのような分け方をするのか*共同相続人で話し合って決めること。

●遺贈（いぞう）
遺言書によって、遺言者の財産を承継させること。一般的には、相続人以外の人に財産承継させることを指す場合が多い。

●遺留分（いりゅうぶん）
きょうだい以外の相続人に対して、民法上最低限認められている遺産の取り分のこと。例えば、遺言書に全ての財産をあるひとりに相続させるといった記載があったとしても、他の相続人は自身の遺留分にあたる割合については、その相続人に対して金銭の請求をすることができる。

●家庭裁判所の検認（かていさいばんしょのけんにん）
遺言書保管制度を利用していない自筆証書遺言について、相続開始後に家庭裁判所で遺言書の形状や内容を確認すること。

●共同相続人（きょうどうそうぞくにん）
相続があったときに、共同で相続人となる人のこと。例えば、*被相続人の配偶者と子供が相続人となる場合には、両者が共同相続人となる。

●公証人（こうしょうにん）
全国の公証役場にて、依頼を受けて公正証書を作成したり、文書の認証をしたりする公務員。公正証書遺言書を作成することも公証人の職務のひとつである。

●婚外子（こんがいし）
法律上の婚姻関係にない男女間から生まれた子供のこと。

●受遺者（じゅいしゃ）
遺贈によって財産を受け取る人のこと。

●推定相続人（すいていそうぞくにん）
*被相続人が実際に亡くなった場合に、相続人となる権利がある人のこと。

●直系尊属（ちょっけいそんぞく）
自分からみて父や母、祖父や祖母など上の世代にあたる人のこと。

●直系卑属（ちょっけいひぞく）
自分からみて子供や孫など下の世代にあたる人のこと。

●認知（にんち）
法律上の婚姻関係にない男女間から生まれた子供に対して、父親が自分の子供であると認めて法律上の親子関係を成立させること。

●配偶者居住権（はいぐうしゃきょじゅうけん）
相続があったときに*被相続人の所有している建物に配偶者が居住していた場合に、その建物について配偶者が無償で居住することができる権利のこと。遺贈や遺産分割協議、家庭裁判所の審判などによって認められる。

●廃除（はいじょ）
相続権を有する相続人を相続人から除外する制度のこと。具体的には、*被相続人に対して虐待や侮辱、非行などがあったときに家庭裁判所に申立てをすることにより、除外されることになる。

●被相続人（ひそうぞくにん）
死亡し、遺産を相続される立場の人。故人。

●付言事項（ふげんじこう）
遺言書に記載する事項のうちのひとつ。法的な効果はないが、相続人などに対して残すメッセージとしての役割を持っている。

■著者紹介

北詰 健太郎（きたづめ・けんたろう）　司法書士

「リーガルコミュニケーションデザイン（法務サービスのデザイン）」のイニシャルを掲げるLCDアライアンスの中核である司法書士法人F&Partnersにて、相続、事業承継に関する業務を中心に行っている。

自身も中小企業経営者の家庭に育ち、中小企業を取り巻く様々な問題に接してきたことから、「自分が顧客なら、専門家にどう関わってほしいか？」という視点持ち、積極的に関わる姿勢を大切にしている。主な著書「実践 一般社団法人・信託活用ハンドブック」（清文社・共著）ほか多数。教職として同志社大学非常勤講師を務める。

中道 康純（なかみち・やすずみ）　司法書士

国内有数の司法書士在籍数を誇る司法書士法人F&Partnersにて、相続・遺言・家族信託等の業務に従事している。またセミナー等の企画・運営についても積極的に携わっている。

保育士資格を有しており、保育士としての業務から法律を学びたいと思い、一念発起して司法書士試験に合格。異色の経歴を活かし、お客様に寄り添って期待を上回れるようなサービスを提供することを信条としている。

遺言書作成のための

情報整理ノート

名前

CONTENTS

記入日／更新日	ページ数	記入箇所
年　月　日		
年　月　日		
年　月　日		
年　月　日		
年　月　日		
年　月　日		
年　月　日		
年　月　日		
年　月　日		

1 基本情報をまとめよう

遺言書を作る前に、自分の基本情報をまとめましょう。遺言書の内容を検討するときに役立ちます。

（フリガナ） 名　前	
生年月日	年　　月　　日
住　所	
本籍地	
血液型	型
電話番号	
携帯電話番号	
両親の氏名	
配偶者の氏名	
きょうだいの氏名	
子供の氏名	
その他 （所属サークル・団体など）	

2 相続人を確認しよう

→本冊12ページ

●相続人の検討

誰が相続人になるのか、家系図を書いてみましょう。お世話になった人や特定の団体への遺贈を希望する場合は、書き出してみましょう。

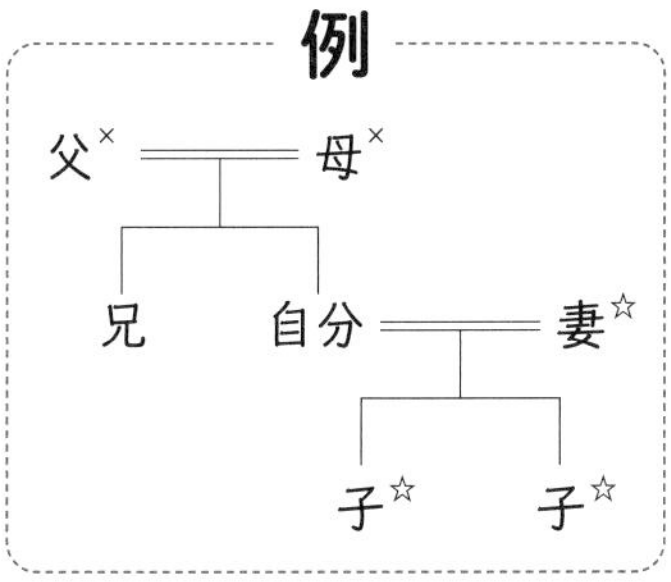

●相続人の情報

相続（遺贈）を希望する人の情報をまとめましょう。人物を正確に特定するために、氏名（団体名）だけでなく住所も記入しておきましょう。

氏名（団体名）	
連絡先	
住　所	

氏名（団体名）	
連絡先	
住　所	

氏名（団体名）	
連絡先	
住　所	

3 相続財産を把握しよう

→本冊32ページ～

記入例を参考に、自分の財産を整理してみましょう。

●預貯金 →本冊32、36、46ページ

残高の少ない口座も含めて、全て書き出しましょう。必要のない口座が見つかった場合には、これを機に解約するのもよいでしょう。

銀行名	支店名	種　別	口座番号	残　高	備　考
○○銀行	東西支店	普　通	123456	1,000,000	令和○年○月○日時点

●有価証券など →本冊32、36、46ページ

……株式、投資信託、国債、外貨預金、手形、小切手など

株式などの有価証券については、銘柄のほか預託している証券会社などを記載するとよいでしょう。

種　別	銘柄など	証券会社など	数　量	評価額	備　考
株　式	○○産業株式会社	○○証券○○支店	100株	3,000,000	令和○年○月○日時点

●不動産　→本冊33、37、40〜、46ページ

不動産（土地・建物）については、登記事項証明書などを取り寄せ、地番や家屋番号を正確に記載するとスムーズです。

種別	所　在	地番／家屋番号	地積／床面積	地目／種類	評価額	備　考
土地	東京都港区○○一丁目	111番1	110.00㎡	宅地	8,000,000	令和○年度 固定資産税評価額

●貸付金など　→本冊37ページ

貸付金や損害賠償金などの債権も遺産に含まれます。個人間の貸し借りで生じた債権については、なるべく生前に解決しましょう。

請求先	債権の内容	金　額	発生日	返済期限
山田太郎	貸付金	100,000	平成○年○月○日	平成○年○月○日

●重要な動産　→本冊37、47ページ

……自動車・貴金属・美術品・絵画など

自動車や宝石類なども相続の対象になります。そのほか特許権やデジタル資産（ウェブサイトやSNSなど）についても記載して、処理の方法を検討するとよいでしょう。

種　類	識別番号など	価　格
自動車	○○自動車○○ （平成○年購入）	2,000,000 （購入時価格）

●生命保険・損害保険など　→本冊37ページ

保険金の受取人が保険契約で決まっている場合には、遺言書に保険金の内容を記載する必要はありませんが、財産を把握するためにまとめておくとよいでしょう。

保険会社名	保険の種類	証券番号	契約者	被保険者	受取人	保険金額
○○生命	生命保険	654321	遺言太郎	遺言太郎	遺言花子	2,000,000

●負債　→本冊35、38、47ページ

……借金・ローンなど

資産だけでなく、負債も相続財産に含まれます。連帯保証契約なども記載するとよいでしょう。

種　類	借入先	借入日	残　額	備　考
カードローン	○○クレジット	令和○年○月○日	200,000	令和○年○月○日残高

4 資産の分け方を考えよう →本冊32～、57ページ

どの資産を誰に渡すのか、具体的に考えましょう。その際、相続人が持っている遺留分についても念頭において検討することが重要です。

●相続財産に対する遺留分の割合

相続人	配偶者がいる場合	配偶者がいない場合
配偶者	配偶者：1／2	—
子	配偶者：1／4 子：1／4	子：1／2
父母など （直系尊属）	配偶者：1／3 父母など：1／6	父母など：1／3
きょうだい	配偶者：1／2 きょうだい：なし	きょうだい：なし

※子や直系尊属が複数人いる場合は、遺留分をその人数で均等に分けます。

●遺留分のメモ欄

例：妻1／4、長女1／8、長男1／8

●資産の分配表

対象者	続　柄	遺　産
山田一郎	子（長男）	・不動産 （東京都港区の土地と建物）

5 葬儀・お墓について考えよう

遺言書に葬儀やお墓について記載する人もいます。法的な強制力はありませんが、希望を伝えておくことで相続人がスムーズに手続できます。

●葬儀について

葬儀の形式	例：仏式
葬儀の種類	例：家族葬
葬儀の場所	
戒　名	
喪　主	
遺　影	
その他 （生前の契約先など）	

●お墓について

・既に持っている場合

霊園の名称	
所在地	

・新しく持つ場合

お墓の種類	
場　所	

6 遺言書の保管方法を決めよう →本冊74ページ

遺言書をどこに保管したのか記録しておきましょう。紛失・偽造のリスクや死後気付かれないという事態を防ぐために、保管制度を利用するのもよいでしょう。

種　類	
作成日	
保管場所	

7 その他

これまでに紹介した事項のほか、気になっていることを書いてみましょう。箇条書きでも構いません。例えば、家族へのメッセージやペットについての希望などを記載しておきましょう。

8 フリースペース

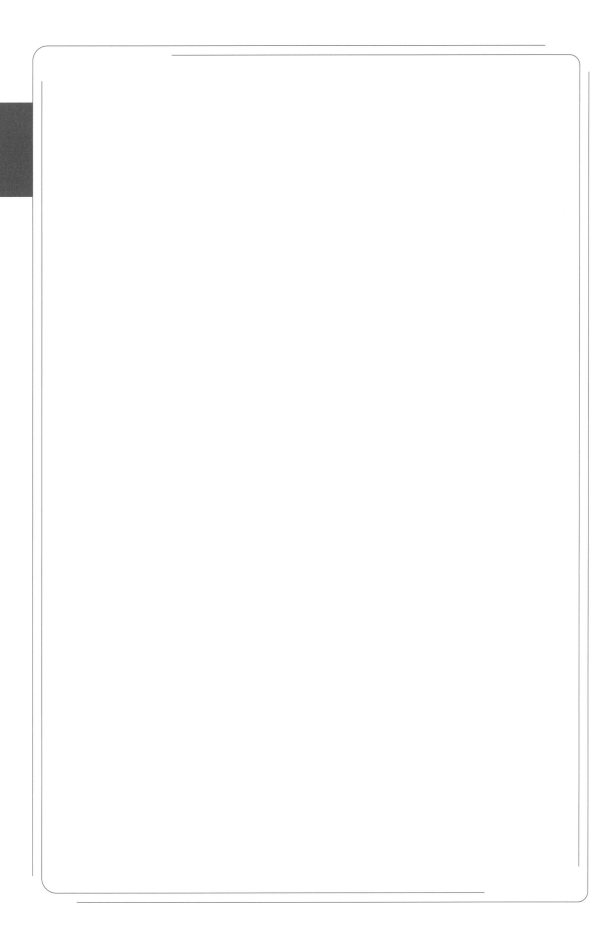

「わからない」から「書《か》ける！」に導《みちび》く 遺言書《いごんしょ》ガイド

2021年12月15日　発行

著　者　北詰《きたづめ》 健太郎《けんたろう》／中道《なかみち》 康純《やすずみ》 ⓒ

発行者　小泉 定裕

発行所　株式会社 清文社

東京都千代田区内神田１－６－６（MIFビル）
〒101-0047　電話03(6273)7946　FAX 03(3518)0299
大阪市北区天神橋２丁目北２－６（大和南森町ビル）
〒530-0041　電話06(6135)4050　FAX 06(6135)4059
URL https://www.skattsei.co.jp/

印刷：大村印刷㈱

■本書の内容に関するお問い合わせは編集部までFAX（03-3518-8864）または edit-e@skattsei.co.jp でお願いします。

■本書の追録情報等は、当社ホームページ（https://www.skattsei.co.jp/）をご覧ください。

ISBN978-4-433-75131-9